Holger Zaborowski

Andächtig leben

Holger Zaborowski

Andächtig leben

Denkanstöße für den Alltag

HERDER

FREIBURG · BASEL · WIEN

© Verlag Herder GmbH, Freiburg im Breisgau 2015
Alle Rechte vorbehalten
www.herder.de

Umschlaggestaltung: Verlag Herder GmbH
Umschlagmotiv: © Robert Harding, mauritius images
Satz: Barbara Herrmann, Freiburg
Herstellung: CPI books GmbH, Leck

Printed in Germany

ISBN 978-3-451-31307-3

Inhalt

Vorwort

Wie geht das eigentlich – zu leben, Mensch zu sein? Menschsein ist keine abstrakte Eigenschaft eines vorhandenen Körpers. Menschsein ist ein lebendiger Vollzug und geschieht, ereignet sich je neu – im Auf und Ab des Alltags und des Feiertags, der Freude und der Trauer, der Hoffnung und der Verzweiflung. Was es wirklich heißt, Mensch zu sein – *dieser* konkrete, besondere, eigen-sinnige Mensch, nicht Mensch im Allgemeinen –, zeigt sich deshalb nicht in abstrakten Formeln oder Definitionen. Es zeigt sich in dem, *was* der Mensch tut – und *wie* er es tut. Gerade die gewohnten, oft so banal erscheinenden Handlungen zeigen daher sehr deutlich, wie Menschen leben, wer sie sind: das Essen und Trinken, das Feiern und Singen, das Gehen, Sitzen oder Stehen.

Die Texte dieses Bandes gehen dem vielfältigen Handeln des Menschen nach und eröffnen Denkwege im Alltäglichen. Sie beschreiben, versuchen zu verstehen und zu erklären und laden dazu ein, weiter über das Menschsein nachzudenken. Denn weder die einzelnen Überlegungen noch alle Texte zusammen stellen etwas »Abgeschlossenes« dar. Sie verweisen auf einen Horizont, der sich nie gänzlich begreifen lässt und nähern sich so dem Geheimnis des Menschseins – und dem Geheimnis des christlichen Glaubens. Dadurch helfen sie, andächtig, im Andenken an Mensch, Welt und Gott, zu leben.

Ursprünglich wurden die Überlegungen dieses Bandes von 2012 bis 2014 im Rahmen der wöchentlichen Kolumne »Liturgie im Leben« der Wochenzeitschrift *Christ in der Gegenwart* veröffentlicht. Einige von ihnen haben daher einen klaren Bezug zum (Kirchen-)Jahr oder zur Liturgie. Johannes Röser, dem Chefredakteur des *Christ in der Gegenwart*, danke ich herzlich für seine Anregung zu diesen Erkundungen des Menschseins. Ihm und den Redakteuren Stephan Neumann, Michael Schrom, Christoph Schulte und Jürgen Springer bin ich für wichtige Hinweise und vielfältigen und freundschaftlichen Rat zu großem Dank verpflichtet. Sehr herzlich danken möchte ich auch Dr. Alfred Denker, Antonia Gottwald, Prof. Dr. Dr. Doris Nauer, Martin Ramb, Siegfried Rombach, Anne Ruppert und Dr. Thomas Schuhmacher – für ihre kritische Lektüre der Texte, für Anstöße zum Weiterfragen und Weiterdenken und für ihre praktische Unterstützung auf dem Weg von den Kolumnen zum Buch. Für ihre kompetente und freundliche Begleitung auf diesem Wege möchte ich auch Dr. Esther Schulz vom Herder-Verlag meinen herzlichen Dank aussprechen.

Vallendar, im Oktober 2014   *Holger Zaborowski*

1

Freude und Glück

Glücken

Die Geschichte der Moderne ist eine Geschichte des wissenschaftlichen und technischen Fortschritts. Vieles von dem, was lange unmöglich schien und eine bloße Wunschvorstellung (oder auch ein Gegenstand der Furcht) war, ist bereits Wirklichkeit. Oder es ist auf dem besten Weg dazu, in die Tat umgesetzt zu werden. Das Reich des Zufalls wird immer kleiner.

Wo es trotzdem noch Unvorhersehbares, Unsicherheiten und Unerwartetes gibt, versucht man, sich abzusichern. Man versucht, in die Zukunft zu schauen, minimiert mögliche Risiken, schließt Versicherungen ab. Das Leben wird so zu einem überschaubaren, einem planbaren Projekt. Nur gelegentlich gönnt man sich noch einen kleinen Nervenkitzel, einen Ausflug in die Welt jenseits der Grenzen des Machbaren.

Man könnte vermuten, dass diese Zähmung des Zufalls auch zu mehr Glück geführt hat. Sollte sich nicht glücklich schätzen, wer ein sicheres, ein gut durchgeplantes Leben führt? Doch diese Vermutung täuscht. Sicherheit, Planbarkeit, alles Wissen und die Technik führen nicht zu mehr Glück. Manchmal scheint es fast so, als stünden sie dem Glück sogar im Wege. Denn dass das Leben glückt, das lässt sich gerade nicht planen. Man kann sinnliche Begierden befriedigen. Da lässt sich viel machen. Aber das allein macht den Menschen nicht glücklich.

Der Mensch hat sein Glück nicht einfach in den Händen. Man kann an seinem Glück nur begrenzt mit-wirken. Es ist ein Irrtum zu glauben, dass man seines Glückes Schmied ist. Denn man kann nichts »glücken«, sich nicht selbst glücklich machen.

Glück ereignet sich – für jemanden. Wenn das Leben einem geglückt ist, hat sich daher nicht einfach ein Plan erfüllt. Es muss etwas hinzukommen, das dem Menschen entzogen ist, das einem zu-fällt.

Für den Glaubenden ist dies nichts Willkürliches, sondern ein Geschenk, Gegenstand der Hoffnung und des Gebetes: Dass Leben gelingen möge. Dass, wo Unglück herrscht, wo Leid und Ungerechtigkeit das Leben bestimmen, diese nicht das letzte Wort haben. Dass das Leben kein Glücksspiel ist, sondern Glücksgabe. Oder – mit anderen Worten – dass es die Erfahrung von Gnade ist, jener Gunst (das bedeutet *gratia*, Gnade eigentlich), die ganz umsonst (*gratis*) gegeben wird.

Wohlwollen

Menschen können anderen Menschen gegenüber gleichgültig sein. Das ist nicht selten der Fall. Aber wie Menschen gemeinhin leben, ist nicht immer das richtige, das gute Leben. Richtig erscheint etwas anderes. Dass man einem anderen Menschen in seiner Not beisteht. Dass das Leben anderer Menschen einem nicht egal ist. Menschen leben nämlich in Gemeinschaft, sie leben miteinander. Sie leben auch füreinander, solidarisch und wohlwollend.

Wohlwollen ist kein Gefühl. Dann wären Menschen nicht dafür verantwortlich, ob sie wohlwollend sind oder nicht. Man könnte von Menschen nicht verlangen, dass sie wohlwollend einander begegnen. Jedoch kann man Wohlwollen durchaus fordern. Es setzt nämlich ein Wollen voraus, einen Willen, den man einüben kann und für den man Verantwortung trägt.

Dies ist der Wille, dem anderen Menschen wohl zu wollen, ihm gegenüber gut zu sein. Es gibt große Taten aus diesem Willen heraus: den Einsatz für Gerechtigkeit, die konkrete Hilfe vor Ort, den täglichen Dienst in Beruf, Familie, unter Freunden. Es gibt auch die kleinen, alltäglichen, gar nicht so seltenen Zeichen des Wohlwollens unter Menschen. Man begegnet einander mit Rücksicht, schenkt sich ein Lächeln oder einen Gruß, erkundigt sich nach einem kranken Verwandten.

Nur wer wohlwollend dem anderen begegnet, ist überhaupt in der Lage, das Wohlwollen des anderen wahrzunehmen. Wer misstrauisch auf andere Menschen zugeht, findet oft viele Gründe für sein Misstrauen. Sollten sich gar keine Gründe finden, erregt gerade dies Skepsis. Einfach nur mehr über einen anderen Menschen zu wissen, setzt dem Misstrauen kein Ende. Es ist notwendig, eine ganz andere Perspektive einzunehmen, den anderen Menschen anders, mit den Augen des Wohlwollens zu sehen.

Es ist möglich, mit diesen Augen alles, was ist, die Natur, Tiere, alle Menschen und was sie hervorbringen, anzusehen. Das bedeutet nicht, dass man blind wird für das, was schlecht ist, was nicht sein soll. Im Gegenteil. Gerade wenn man auf alles wohlwollend blickt, verliert man die Gleichgültigkeit gegenüber dem, was nicht sein soll. Für den gläubigen Menschen ist dieses Wohlwollen allem gegenüber eine Antwort. Darauf, dass Gott, was er will, wohl will, dass er seiner Schöpfung Gutes will. In jedem Gottesdienst wird ihm dafür gedankt – wohlwollend.

Sich freuen

Freuen kann man sich aus sehr vielen Gründen: über ein gelungenes Fest, einen schönen Sonnenaufgang, ein tiefes Gespräch, ein gutes Buch. Es gibt große Freuden, die ein ganzes Leben ändern können, und die kleinen Freuden des Alltags. Doch was geschieht eigentlich, wenn man sich freut? Etymologisch bedeutet freuen: froh machen. Wenn man sich freut, macht man aber nicht einfach sich selbst froh. Denn man ist ja nicht selbst die Quelle oder der Grund der eigenen Freude. Auch der Sportler, der sich über seine Leistung freut, freut sich nicht einfach an sich selbst. Wer sich in seiner Freude nur auf sich bezieht und nur sich selbst sieht, kann vielleicht die selbstverliebte und selbstbezogene Freude des Narziß erfahren. Ist dies aber echtes Sich-Freuen?

Freude führt den Menschen immer über sich selbst hinaus in die Weite. Diese Weite macht uns froh, während Angst in die Enge führt. Wer sich freut, nimmt etwas als gut wahr und bejaht es. Diese Freude beschränkt sich aber oft nicht auf etwas Einzelnes, sondern erfasst alles, was ist. Ja, das soll so sein! Das Leben ist, so schwer es oft erscheint, letztlich gut! Daher ist das Sich-Freuen auch eng mit dem Danken verbunden. Man kann sich schwerlich jemanden vorstellen, der sich freut und nicht dankbar wäre. Freude will aber auch mit anderen Menschen geteilt, mitgeteilt und gefeiert werden. Man hört oft schon aus der Ferne, wenn Menschen sich freuen. Sie jubeln, lachen und kreischen vor Freude. Und noch in einem anderen Sinne führt die Freude den Menschen über sich selbst hinaus. Die Freude ist nicht einfach etwas Menschliches. Auch Gott freut sich, denn auch Gott sagt immer wieder »Ja«. Und wer sich an etwas freut, teilt Gottes Freude daran, dass gut ist, was er schafft.

Das Kirchenjahr geht in dieser Woche auf seinen freudevollen Höhepunkt zu: die Feier der Auferstehung Christi. Hierin hat die Freude der Christen ihre Wurzel. Auch diese Freude sagt »Ja«. Sie sagt »Ja« zu jenem »Ja«, das Gott uns immer schon zugesprochen hat.

Begeistern

Ein Chor gibt ein begeisterndes Konzert. Eine Fußballmannschaft begeistert durch ihr Spiel. Nicht allein was geschieht, sondern auch wie etwas geschieht, begeistert Menschen. Daher kann ein und dieselbe Rede, wenn sie unterschiedlich vorgetragen wird, einmal langweilen und ein anderes Mal die Menschen zu Jubelstürmen hinreißen und begeistern.

Im ersten Fall fehlt, was die begeisternde Rede auszeichnet: dass jemand als Person für etwas einsteht, dass er etwas bezeugt, was sich vom einen zum anderen überträgt. Das ist die Freude, die ihn bewegt, die Lust an etwas, eine Stimmung, der berühmte Funke, der überspringt und andere begeistert.

Nach Aristoteles liegt das tugendhafte Handeln in der Mitte zwischen zwei Extremen, einem Zuviel und einem Zuwenig. Für die Tugend der Begeisterung bedeutet dies: Es gibt Menschen, die sich zu wenig begeistern lassen. Ihnen ist alles gleichgültig. Gelangweilt und ohne Gefühlsregungen nehmen sie kaum am Leben teil. Manchmal nennt man solche Menschen »uninspiriert«, ihnen fehlt der *spiritus*, der Geist.

Andere sind euphorisch, zu begeistert. Sie verlieren dabei das Maß, den Blick für die Wirklichkeit, für das, was möglich und notwendig ist. Hier geht die Begeisterung in Fanatismus über. Dabei geht der Geist verloren.

Begeisterung liegt in der Mitte zwischen diesen Extremen. Sie verbindet Realitätssinn mit Phantasie, Vernunft mit Willen, Sachlichkeit mit Gefühl, vorsichtige Skepsis mit Kreativität und Optimismus.

Die Begeisterten bilden eine neue Gemeinschaft. Das Gefühl der Begeisterung verbindet sie, schweißt sie zusammen, verleiht neue Energien, teilt sich mit. Denn auch andere sollen begeistert werden. Wer allerdings nicht offen ist, wer sich verschließt, lässt sich nicht begeistern. Man muss bereit sein, Geist zu empfangen. Ob das geschieht, liegt nicht allein in der Hand von Menschen. Es lässt sich nicht planen oder machen.

Pfingsten ist das Fest des Heiligen Geistes. Es erinnert an das Wirken des Geistes. Daran, dass nicht alles in der Hand des Menschen liegt. Daran, dass die Gemeinschaft der Christen eine begeisterte Gemeinschaft ist, eine Gemeinschaft, die sich immer neu begeistern lassen soll. Und daran, dass es immer gilt, die Mitte zwischen Zuviel und Zuwenig Begeisterung zu finden.

Jubilieren

Das Wort »jubilieren« steht heute im Schatten seiner Verwandten: des »Jubels«, des »Jubiläums« oder des »Jubilars«. Nur selten, in Liedern, Gedichten oder veralteten Wendungen wird noch jubiliert (oder gejauchzt oder frohlockt). Vielleicht schämt man sich der Macht des Gefühls, die ausbricht, wo jubiliert wird. Oder man findet die Festlichkeit des Jubilierens unpassend.

»Jubel« hat lateinische Wurzeln. Man vermutet, dass es sich um ein lautmalerisches Wort handelt. In ihm klingt eine spontane Äußerung der Freude nach: Juhu oder juhe! Wird von einem Jubeljahr gesprochen, so hat der Jubel eine andere Wurzel: das hebräische *jovel*. Es bedeutet: Klang des Widderhorns. Mit einem solchen Horn wurde das alle 50 Jahre stattfindende Jahr des Schuldenerlasses, einer Erlösung aus Schuld und Abhängigkeit, verkündet. Was »alle Jubeljahre« geschieht, passiert daher nicht oft.

Wer jubiliert, freut sich, nicht heimlich oder verschämt, sondern laut. Diese Freude ist sehr groß. Man soll sie nicht beobachten, sondern sich einladen lassen, in sie einstimmen. Sie beschränkt sich oft auch nicht auf einen einzelnen Moment. Der Jubel kann das ganze Leben bestimmen, auch wenn er verklungen ist.

Wer wirkliche Freude erfahren hat, lebt nämlich anders. Auch das Dunkle, die schlechten Erfahrungen, die Ängste erscheinen in anderem Licht. Sie verschwinden nicht, aber sie verlieren ihre Schwere, ihre alles niederdrückende Macht.

Wie so vieles andere lässt sich auch der Jubel nicht machen oder planen. Wirkliche Freude überrascht, gibt sich, ist ein Geschenk. Man tut etwas, macht eine Erfahrung, und plötzlich stellt sie sich ein. Das eigene Handeln oder Erleben zeigt sich als sinnvoll, als gut.

Wenn man in der Adventszeit jubiliert, klingen beide Wurzeln des Jubels nach. Besonders intensiv wird am dritten Adventssonntag gejubelt. Er trägt den Namen »Gaudete«, d. h. freut euch, jubiliert.

Dass diese Freude im Zentrum des christlichen Glaubens steht, hat auch Papst Franziskus in seinem Schreiben »Evangelii Gaudium« – wörtlich übersetzt: »Freude des Evangeliums« – deutlich gemacht. Erinnert hat er auch daran, dass dieser Jubel Konsequenzen hat, dass er zum Umdenken, zu Taten führen muss. Denn Freude ist nur wirklich, wo sie sich mit-teilt.

Feiern

Arbeit, Mühe, Sorge: der Alltag. Die Erholung, der Abstand vom Alltäglichen: die Sonntage, die Fest- und Feiertage oder – allgemeiner gesprochen – das Feiern. Die Anspannung fällt ab. Die Stimmung hellt sich auf. Freude, Leichtigkeit, eine getragene oder eine ausgelassene Stimmung. Hier wird ein kleiner Erfolg, ein Abschied oder ein Wiedersehen gefeiert. Dort ein Namenstag, ein Jubiläum, ein Geburtstag. Feiern kann man sehr vieles. Manche Feiern versammeln eine Nation, andere Gläubige einer bestimmten Religion.

Wo Menschen leben, feiern sie. Sie feiern gemeinsam, mit anderen. Denn ganz alleine, nur für sich kann man nicht feiern. Und wer feiert, tut nicht einfach nur etwas Besonderes. Er tut, was er im Alltag auch tut, in besonderer Weise. Das Alltägliche – Essen, Trinken, Sich-freuen, Miteinander-sprechen, Singen – geschieht dann in einer festlichen oder feierlichen Form.

Es gibt daher Feiern, auf die man sich lange vorbereit. Andere Feiern geschehen spontan. Manchmal ist die Form der Feier genau vorbestimmt. Wer hier mitfeiert, tritt in eine lange Geschichte ein. Ein anderes Mal ist das Feiern ganz frei, ohne vorgegebene Ordnung.

Wer feiert, schöpft nicht einfach nur Kraft für den Alltag. Nicht der Sonntag dient dem Wochentag, sondern umgekehrt. Im Feiern zeigt sich jener Sinn, der auch das alltägliche Leben durchwaltet. Denn wer feiert, schaut zurück, erinnert sich und dankt für das, was war und was ist.

Die Feiernden schauen aber auch nach vorne und hoffen, dass es gut weitergeht. Zustimmung zum Leben, Freude im Leben auch dort, wo es schwer fällt, das ist der innere Sinn des Feierns. Wer feiert, sagt »Ja«.

Eine gelungene Feier lässt die Zeit vergessen. Eine solche Feier ist nicht einfach Bild für gelungenes Menschsein, für Glück. In ihr glückt Menschsein.

Und doch verweist jede Feier auf mehr, auf ein anderes Glück. Denn jedes Fest kommt einmal zu einem Ende. Die Sehnsucht nach einem dauernden Glück, einem Feiern ohne Alltag bleibt. Daher ist das Feiern (nicht nur die Feier des Gottesdienstes) immer auch ein Stachel, der uns unruhig zurücklässt – und uns immer wieder feiern lässt.

2

Glaube und Wissen

Zweifeln

Zum Glauben gehört die Gewissheit. Geglaubt wird ja, dass etwas wahr ist. Dennoch gehört zu jedem Glauben auch das Zweifeln. Das wird nicht immer deutlich gesehen. Es gilt als Zeichen eines schwachen Glaubens, wenn jemand zu oft zweifelt. Der Zweifel scheint den Glauben zu zersetzen. Nicht selten zeigt sich auch ein nagender, beißender, jedes Vertrauen auflösender Zweifel. Dieser Zweifel kann letztlich nur noch sich selbst als wahr anerkennen. Die Wirklichkeit verschwindet unter seinem unbarmherzigen Blick. Alles scheint Illusion zu sein. Zurück bleibt – nichts.

Dies gilt aber nicht für jedes Zweifeln. Es gibt nämlich einen zum Glauben gehörenden Zweifel. Wer gläubig zweifelt, stellt sich selbst, seine Überzeugungen, auch seinen Glauben in Frage: Ist jenes, was ich glaube, wirklich wahr? Glaube ich es wirklich als die Wahrheit meines Lebens? Folge ich nur der Tradition, meiner Erziehung oder der schweigenden Mehrheit?

Wenn Glauben nicht einfach ein Wissen ist, sondern bedeutet zu vertrauen, sich auf jemanden einzulassen, wenn Glauben nur in Freiheit möglich ist, dann kann man sich seines Glaubens nie ganz sicher sein. Immer bleibt Ungewissheit. Immer ist es ein Wagnis zu glauben.

Wer glaubt, darf sich daher nicht durch letzte Gewissheiten absichern, sodass die Offenheit für jenes, was auf ihn zukommt, verloren geht. Gläubig zu zweifeln kann diese Offenheit stärken. Im gläubigen Zweifel werden auch Fehlformen des eigenen Glaubens fraglich, die krank machen, die zu Gewalt führen, die von der Wirklichkeit entfremden.

Dieses Zweifeln entfremdet daher nicht von der Wirklichkeit, sondern führt tiefer in sie hinein. So zu zweifeln, nicht ins Nichts hinein, sondern aus dem konkreten Leben heraus, erlaubt es, Wahres von Unwahrem, gutes Leben von falschem Leben, Glauben von Aberglauben zu unterscheiden.

Wer seine Zweifel zulässt, kann auch viele Anfragen von anderen, von Andersgläubigen oder jenen, die nicht glauben, sehr ernst nehmen. Weil, wer seine eignen Zweifel zulässt, diese Anfragen oft selbst erfahren hat, weil sie nicht sinnlos erscheinen, sondern sinnvoll. Sie weisen den Weg vom Unsinn zu einem Sinn, der wirklich trägt, gerade auch dort, wo alle Gewissheiten zerbrechen.

Fragen

Im Alltag stellen sich uns immer wieder Fragen, auf die man Antworten finden muss. Meist gelingt uns das sehr schnell. Man hat gelernt, mit diesen Fragen fertig zu werden. Manchmal aber stellen sich Fragen, auf die man so schnell keine Antwort findet: »Hat mein Leben einen Sinn?«, »Wie kann ich ein guter Mensch werden?«, »Was darf ich überhaupt hoffen?«, »Was ist denn eigentlich Gerechtigkeit?«, »Was können wir als Menschen überhaupt wissen?« oder auch: »Wer – oder was – bin ich eigentlich?«.

Man setzt sich dann mit Fragen auseinander, für die im Alltag wenig Zeit bleibt. Man stellt diese Fragen nur selten. Manchmal in Augenblicken, in denen es einen ganz plötzlich und unvermutet überfällt, ein anderes Mal, weil etwas Wichtiges passiert ist: Man feiert einen runden Geburtstag, freut sich über die Geburt eines Kindes, trauert über den Tod eines nahen Menschen.

Allerdings kann man diese großen Fragen nicht ein- für allemal beantworten. Sie müssen immer neu gestellt, immer neu beantwortet werden.

Man kann sie aber auch nicht von einem anderen für sich beantworten oder einfach offen lassen. So sehr man sich auch bei anderen Menschen Anregungen holen oder beraten kann, so sehr geht es bei diesen Fragen um die je eigene Freiheit. Man muss sich selbst entscheiden. Man selbst ist gefordert. Das je eigene Ja oder Nein ist gefragt.

Auch im Glaubensleben gibt es immer wieder diese Aufgabe, Fragen zu beantworten und eine Entscheidung zu finden. Das ist eine große Herausforderung, der oft ausgewichen wird, manchmal aus Faulheit, ein anderes Mal, weil der hektische Alltag so sehr beschäftigt und in Gang hält, dann wieder, weil man sich irgendwie vor der eigenen Freiheit fürchtet: Es könnte ja sein, dass man mit den eigenen Entscheidungen ganz alleine dasteht oder man plötzlich merkt, welche Fehler man in der Vergangenheit gemacht hat.

Wenn man allerdings diese Herausforderung der Freiheit nicht annähme und die großen Fragen nicht stellte oder immer nur die Antworten gäbe, die man so gibt (weil man halt im Allgemeinen so oder so darüber denkt), würde etwas Wichtiges fehlen, das zum Menschsein gehört: ein eigenes Leben zu führen.

Glauben

Religiöser Glaube hat schon lange seine Selbstverständlichkeit eingebüßt. Die moderne Wissenschaft stellt Fragen an ihn. Die aufgeklärte Gesellschaft, die Politik, die Begegnung mit anderen Religionen oder mit philosophischen Ideen fordert ihn heraus. Allerdings war es nie einfach, an Gott zu glauben. Wer glaubt, handelt oft gegen den Augenschein, erfährt immer wieder Anfechtungen, spürt Zweifel und Bedenken. Nicht selten fällt der Glaube auch schwer, weil man sich darunter etwas Falsches vorstellt.

Manche verstehen unter Glauben etwas Widervernünftiges und verstricken sich in Aberglauben und Phantasiewelten. Andere sehen im Glauben so etwas wie die Zustimmung zu einem Parteiprogramm. Man glaubt dann umso mehr, je mehr Glaubensinhalten man voll und ganz, laut und deutlich zustimmt. Es ist dann egal, ob man überhaupt verstanden oder erfahren hat, was man bekennt. Auf den äußerlichen Gehorsam kommt es an.

Wieder andere ordnen ihren Glauben Zwecken unter, die ihm fremd sind. Dann dient der Glaube einer politischen Überzeugung. Oder er erschöpft sich darin, Gefühle des Schönen und Erhabenen zu erzeugen.

Nicht selten wird der Glaube auch auf einen Teilbereich des Lebens beschränkt. Man glaubt dann sonntags und feiertags, ohne den Glauben im Alltag zu verwurzeln.

Wer so glaubt, wird nicht die Fülle des Glaubens erfahren, sondern beißt sich an einzelnen Aspekten fest, verzerrt den Glauben. Ein solcher Glaube engt ein. Es ist ein Glaube an allzu menschliche Götzen.

Wer wirklich glaubt, verlässt sich nämlich nicht auf etwas Widersinniges, auf lebensferne Ideen oder etwas rein Menschliches. Der Glaube lässt sich auch nicht auf bestimmte Bereiche beschränken oder als Mittel für bestimmte Absichten verstehen. Man hat es ja gar nicht selbst in der Hand, zu glauben. Im Glauben antwortet man auf eine Gabe, einen Anspruch. Wer glaubt, vertraut Gott, dass er es gut meint. Was auch immer man weiß, was auch immer man tut, was auch immer man erfährt – und sei es noch so alltäglich – erscheint dann in einem anderen Licht. Die Antwort auf diesen Anspruch besteht darin, anders zu leben, sich befreien zu lassen: zu einem vertrauensvollen Glauben, zu freudiger Hoffnung, zu tatkräftiger Liebe.

Wissen

In der heutigen Zeit spielt Wissen eine zentrale Rolle. Innerhalb weniger Jahre verdoppelt sich das dem Menschen zugängliche Wissen. Wissenschaften haben einen großen Einfluss auf das Selbstverständnis von Menschen, auf politische oder gesellschaftliche Entscheidungen. Was heute gewusst wird, soll möglichst bald Anwendung finden, soll das Leben einfacher machen. Es soll sich aber auch auszahlen, soll dabei helfen, Wirklichkeit nach eigenen Plänen zu gestalten.

Was man weiß, verdankt man einer bestimmten Sicht auf die Wirklichkeit, einer festgelegten Methode. So wird die Natur dem Menschen als Gegenstand des Wissens gegenübergestellt und befragt. Was noch unbekannt, was verborgen ist, soll ins Licht geholt werden.

Geheimnisse gibt es dann nur noch auf Zeit. Die Frage aber, wozu man überhaupt etwas wissen soll, bleibt unbeantwortet. Wozu dies alles – immer mehr wissen, immer mehr tun können?

Vielleicht liegt der Zweck des Wissens einfach in sich selbst. Dagegen spricht, dass die »gewusste« Welt kalt und fremd bleibt. Sie schenkt keine Heimat, in der man Glück erfahren könnte. Wissenschaft erleichtert vieles, lässt das Leben aber nicht gelingen. Dazu ist ein anderes Wissen vonnöten.

Dies ist nicht das Wissen über einzelne Dingen oder Bereiche, sondern ein Wissen um das Ganze. Nicht das Wissen über bloße Fakten, zu denen man sich so oder so verhalten kann, sondern das Wissen um jenes, was gut ist, um Verantwortung und Grenzen des Handelns. Es ist ein Wissen um den Sinn des Lebens.

Dieses Wissen ist kein wissenschaftliches Wissen. Es beruht auf eigenen Erfahrungen, darauf, was jemand selbst erfahren hat und wie ihn dies verändert hat. Es ist ein Wissen, das Menschen herausfordert, in Frage stellt, sie auch leiden lässt, ihnen aber auch Trost und Hoffnung gewährt.

Man könnte besser von Weisheit sprechen. Sie wird nicht vermittelt, sondern bezeugt. Wer weise ist, steht für etwas ein.

In den Worten des Alten Testaments ist die Weisheit ein Geschenk Gottes, sein erstes Werk. Sie spielt vor Gott und lädt dazu ein, mit ihr zu spielen, selbst weise zu werden. Im heiligen Spiel der Liturgie findet dieses Mitspielen seine dichteste Form.

3

Ruhe und Bewegung

Pilgern

Viele, wenn nicht fast alle Religionen kennen Pilgerfahrten. Gläubige machen sich zu einem fremden Ort auf, um dort ein Opfer zu bringen, zu beten, zu feiern, mit anderen Menschen ein Stück des Weges zu gehen. Nicht selten ist die Pilgerfahrt eine heilige Pflicht. Manchmal ist sie eine lange schon gepflegte Tradition.

Wer pilgert, macht sich auf einen Weg. Man darf diesen Weg aber nicht einfach nur als ein Mittel zum Zweck missverstehen. Denn auf den Weg kommt es in entscheidender Weise an.

Wer pilgert, ist leiblich unterwegs. Gerade deshalb bewegt sich auch viel im Inneren. Denn der Weg ist oft beschwerlich und mühsam. Widerstände müssen überwunden werden. Und wer diesen Weg geht, dem wird Zeit geschenkt, Zeit, die es erlaubt, dem Alltäglichen zu entfliehen und neue Erfahrungen zu machen: in Gebet und Besinnung, mit der Bewegung, in der Begegnung mit anderen Menschen.

Auf dem Pilgerweg richtet sich der Blick aber nicht nur zurück oder in die unmittelbare Umgebung, sondern auch nach vorne. Pilger hoffen auf eine glückliche Ankunft. Sie freuen sich auf das Geschehen »vor Ort«. Und auf die Erschöpfung, den Stolz darauf, dass sie die Strapazen des Weges überstanden haben.

Im Pilgern kann das ganze Leben eine neue (Aus-)Richtung gewinnen. Dies mag erklären, warum das Pilgern sich weiterhin großer Beliebtheit erfreut. Denn in die Fremde bricht immer der ganze Mensch auf. Wer sich auf eine Pilgerfahrt macht, nimmt immer sich selbst mit, seine Sorgen, seine Zweifel, seine Hoffnungen.

Nicht selten wird auch das gesamte Leben als eine Pilgerschaft gedeutet. Der Mensch, das ist dann der *homo viator*, der pilgernde, der einen Weg (lat. *via*) gehende Mensch.

Noch in einem anderen Sinne kann das Pilgern zu einem Bild für das gesamte Leben werden. Das Wort Pilgern geht auf das lateinische Wort *peregrinus* zurück, das »Fremdling« bedeutet. Wer pilgert, verlässt sein Zuhause und macht sich in die Fremde auf.

Letztlich ist aber jedes Zuhause nur vorläufig Heimat. Menschen bleiben immer Fremdlinge, immer Pilger, die sich auf den Weg gemacht haben – und auf diesem Weg, ihrem Lebensweg unterwegs bleiben.

Reisen

In den Tagen vor einer Reise ist jeder voller Anspannung. Hektisch werden letzte Aufgaben erledigt. Man ist voller Hoffnung darauf, dass alles gut geht, und freut sich auf einige Tage in den Bergen, einen Urlaub am Meer oder den lange ersehnten, immer wieder verschobenen Besuch bei Freunden. Im Auto oder Zug lässt man die Landschaft an sich vorbeifliegen.

Man hofft, dass man viel erleben werde. Man bricht ins Fremde auf, reist dorthin, wo man noch nie war, entdeckt eine andere Welt. Oft will man aber auch »nichts« erleben: Nicht viel soll geschehen. Man fährt in eine vertraute Gegend und wünscht sich, dass alles noch beim Alten ist, dass sich nichts mit der Zeit verändert hat. Man möchte schlafen, faulenzen, ein wenig mit dem Rad fahren, die Stille genießen, ein paar gute Bücher lesen.

Wohin man aber auch reist, wen man auch trifft und was man auch erlebt, wie lange man auch weg ist, nie lässt einen das Reisen unverändert: Man kommt als ein anderer zurück.

Man hat etwas er-fahren: Neues, Unerwartetes, Überraschendes, auch wenn von außen betrachtet vielleicht ganz wenig geschehen ist. Man hat eine Pause vom Alltäglichen erlebt. Statt weiter in der Spannung der beruflichen Hektik zu stecken, hat man sich entspannt. Es war, als hätte die Zeit stillgestanden. Neue Ideen kamen zu einem. Sie mussten gar nicht gesucht werden.

Plötzlich fällt sogar eine schwierige Entscheidung ganz einfach. Man ist glücklich, ganz bei sich. Fern von zu Hause fühlt man sich daher in besonderer Weise lebendig. Weil man das weiß, hat man oft Fernweh. Eigentlich ist es sogar viel dramatischer: Das Fernweh packt einen! Man sehnt sich nach Abwechslung, nach Wandel, nach Veränderung.

Und weil Menschen doch sesshaft sind, ein Zuhause haben und nicht ohne die vertrauten Bilder, Stimmen und Gesichter leben wollen und können, haben sie manchmal, wenn sie unterwegs sind, auch Heimweh.

Es zieht Menschen immer wieder in die Ferne, und doch sehnen sie sich immer auch nach dem Ort, den Menschen, den Bildern, Geräuschen und Gerüchen, die ihre Heimat sind.

So ist auch das religiöse Leben ein ständiges Reisen zwischen Bekanntem und Unbekanntem, zwischen Anbindung an Bewährtes und Sehnsucht nach Neuem.

Ruhen

Die gegenwärtige Gesellschaft wird oft als ruhelos bezeichnet. Man muss immer erreichbar, immer in Bewegung sein. Die Grenzen zwischen Arbeit und Erholung verschwimmen. Viele Menschen fühlen sich erschöpft, ausgebrannt.

Trotzdem fällt es ihnen oft schwer, zur Ruhe zu kommen. Eine innere Unruhe scheint sie erfasst zu haben. Als könnte man etwas verpassen. Als sei es anderswo schöner. Als dürfe man nie innehalten. Seltene Momente der Ruhe dienen dann nur noch der Erholung für den Alltag.

Doch liegt im Ruhen selbst auch ein Zweck. Es ist nicht nur ein Mittel, um wieder Kraft zu tanken. Wer ruht, lässt die Spannungen seines bewegten Lebens hinter sich. Sorgen fallen ab oder rücken in eine andere Perspektive.

Man ist nicht mehr vom Wesentlichen abgelenkt. Es ist möglich, das wirklich Wichtige vom nur scheinbar Bedeutenden zu unterscheiden. Gerade deshalb kann es aber auch Angst machen, zur Ruhe zu kommen.

Manches, was im Alltag verdrängt war, was aber zum Leben gehört, ihm eigentlich erst Sinn verleiht, rückt ins Bewusstsein, verlangt nun Aufmerksamkeit. Manchmal geschieht dies im Schlaf, wenn man träumt, oder im Habschlaf, kurz vor dem Aufwachen. Auch in ruhigen Momenten während des Tages kann man seinen Gedanken verträumt nachhängen. Der Wirklichkeit werden dann Möglichkeiten an die Seite gestellt, konkrete Wünsche oder Pläne oder der Traum einer ganz anderen Welt, von Frieden, Heimat oder Erlösung.

Es gibt auch eine spannungsvolle Ruhe. Man spricht von der »Ruhe vor dem Sturm«. Es liegt dann in der Luft, dass bald etwas geschehen wird. Während dieser Ruhe kann man sich sammeln, sich vorbereiten auf eine baldige Anspannung.

Menschliches Leben geschieht in diesem Rhythmus von Spannung und Entspannung, von Ruhe und Bewegung, von Sehnsucht nach einem Anderen und der Ankunft dort, wo man schon längst ist.

Nach Augustinus ist das Herz des Menschen unruhig, bis es in Gott Ruhe findet. In Frieden zu ruhen, ewige Ruhe, das wünscht man den Verstorbenen. Die Wochen bis Ostern stehen in besonderer Weise im Zeichen der Hoffnung auf ein Ruhen, das nicht mehr durch Unruhe begrenzt, nicht mehr beunruhigt ist.

Gehen

Tiere laufen, rennen, galoppieren, schwimmen, sprinten, kriechen. Menschen können all dies auch. Aber anders als Tiere gehen sie aufrecht.

Menschen können dadurch viel leichter ihre Hände nutzen und nach vorne schauen. Sie können Pläne schmieden und wissen um ihre Zukunft. Aufrecht zu gehen, das ist Zeichen der Würde des Menschen. Manchmal wird das eigens betont: Das ist ein aufrechter Mensch, jemand, der mutig ist, der sich nicht verbiegen, nicht unterkriegen lässt, in dessen Gang sich sein Charakter widerspiegelt.

Gehen ist zugleich mehr als eine Eigenschaft des Menschen. Gehen, das kann einfach Leben, Menschsein bedeuten. Wenn etwa jemand fragt: Wie geht's? Man kann darauf antworten: Es geht gut. Oder auch: Es geht so, nicht besonders gut, nicht besonders schlecht. Das Leben wird noch als sinnvoll erfahren, als etwas, dessen Gehen einen Sinn, das heißt: eine Richtung hat, als etwas, das nicht still steht. Wenn es wirklich gar nicht mehr geht – ist man tot.

Die Frage lautet nicht: Wie gehst du? Gefragt wird: Wie geht es – dir? Leben ist Bewegung. Aber der Mensch ist letztlich nicht der Urheber dieser Bewegung. In allem Gehen geht »es« Menschen irgendwie. Dass es ihnen so oder so geht, ist etwas, das ihnen geschieht. Es ist eine Gabe, das Geschenk des Lebens.

Gehen hat auch seinen Ort im liturgischen Leben: Man betet gehend bei einer Prozession oder bei einer Wallfahrt. Im Gottesdienst, in der Kirche geht man besonders würdevoll. Die Gemeinde geht während des Gottesdienstes allerdings nur wenig. Sie sitzt, steht, kniet.

Aber nicht nur beim Empfang der Kommunion, sondern noch an einer anderen zentralen Stelle wird gegangen. Oder – genauer gesagt – es wird zum Gehen aufgefordert: »Gehet hin in Frieden!« Das bedeutet nicht: Die Messe ist nun zu Ende und man soll weggehen, um dann irgendwann einmal wiederzukommen.

Hin-Gehen, das ist ein Hinzu- und Hineingehen. Es ist ein Gehen zu den Menschen und in die Welt, um Frieden zu bringen.

Gehen, das ist also nicht nur ein anderes Wort für Leben, für Menschsein. Es ist auch ein anderes Wort für Christsein: Gehet, denn Ihr seid gesendet!

Umkehren

Umkehr bedeutet zunächst etwas, das im Raum, zwischen einem Ort und einem anderen geschieht. Man geht irgendwohin. Dann stellt man fest, dass man etwas zuhause vergessen hat. Oder man hat keine Lust mehr, weiterzugehen, man ist erschöpft. Ein anderes Mal hat man sich verirrt oder findet nicht, was man gesucht hat. Dann bedeutet Umkehr: zum Ausgangspunkt zurückkehren.

Man kann aber auch umkehren, um schließlich eine ganz andere Richtung einzuschlagen. Dann geht man nicht mehr dorthin, wo man schon einmal war. Man verlässt die eingetretenen Pfade, macht sich ins Unbekannte auf.

Umzukehren hat oft auch eine übertragene, auf das Innere des Menschen, auf seine zeitliche Existenz bezogene Bedeutung. Menschsein heißt ja immer auch: sich zu bewegen. In jeder gegenwärtigen Sekunde bewegen sich Menschen aus der Vergangenheit in die Zukunft.

Weder Vergangenheit noch Zukunft sind abstrakte Zeiträume. Vergangenheit, das sind die je eigenen Erfahrungen und Erinnerungen, Momente voller Freude und Trauer, glückliche Stunden und Wunden, die nicht heilen wollen. Und Zukunft, das sind die Hoffnungen, die Erwartungen, die Offenheit für das, was passieren wird.

Nichts steht fest. Man bewegt sich mit der Zeit und kann immer umkehren, nicht so freilich, dass man wieder in die Vergangenheit zurückgehen könnte, aber so, dass man dem Leben eine andere (Aus-)Richtung geben kann. Denn was sicher schien, kann sich als Irrweg erweisen. Was Trost versprach, kann einen hilflos zurücklassen.

Richtung, das heißt auch: Sinn (so, wie man vom Uhrzeigersinn spricht). In der inneren Umkehr geht man nicht einfach irgendwo anders hin. Man erfährt Sinn und richtet sich neu aus. Man lernt dies, trifft jenen Menschen, erfährt etwas Neues. Man muss etwas ändern.

Das geschieht immer wieder. Wenige Menschen leben ihr ganzes Leben entlang vorgefasster Entscheidungen und kehren nie um.

Manchmal geht die Umkehr an die Wurzeln des eigenen Lebens. Alles ändert sich. Nichts ist mehr, wie es einmal war. Selten ist eine solche Umkehr die Sache einer Entscheidung. Meist geht sie auf einen Zuspruch, einen Ruf zurück. Ein neuer Sinn zeigt sich, ruft in die Entscheidung. Man kann nicht anders. Man muss sich selbst, sein ganzes Leben ändern, ihm eine neue Richtung geben, dem Sinn, den man erfahren hat, entsprechen.

Christen stehen im Ruf der Umkehr. Der Ruf Johannes des Täufers »Kehrt um!« richtet sich nicht allein an seine Zeitgenossen. Es ist ein zeitlos gültiger Ruf.

Ankommen

Heute ist der »mobile Mensch« gefordert: rastlos unterwegs, bereit, von einem Ort zum anderen zu ziehen, immer bereit, sich zu verändern. Auch die Welt bewegt sich in atemloser Geschwindigkeit. Immer ist man auf dem Sprung. Vielleicht macht man einmal eine Pause, verschnauft, genießt die Freizeit zwischen wichtigen Aufgaben. Ankommen bedeutet dann: ein Ziel erreichen, um schnell wieder weiterzugehen. Dieser Ankunft ist die Flüchtigkeit eines kurzen Aufenthaltes, eines Zwischenhalts eingeschrieben, wie bei einem Zug, der kurz hält, um sich dann wieder in Bewegung zu setzen.

Oft bedeutet irgendwo anzukommen aber etwas anderes, nichts Flüchtiges, das schnell vergeht. Wenn man umzieht, so sagt man, dauert es eine Weile, bis man wirklich im neuen Zuhause ankommt. Wer eine weite Reise hinter sich hat, braucht oft einige Zeit, um ganz anzukommen.

Nicht immer kommt man an dem Ort, an dem man sich körperlich befindet, wirklich an. Man ist in Gedanken anderswo, trauert dem Vergangenen nach, sehnt sich nach einer vermeintlich besseren Zukunft. Man hält sich nicht auf, verweilt nicht, schlägt keine Wurzeln. Man ist auch nicht anderen Menschen nahe. Man lebt neben ihnen, unter ihnen, aber nicht mit ihnen.

Wer noch nicht angekommen ist, teilt sein Leben noch nicht, ist oft nur mit sich beschäftigt, noch nicht offen dafür, wo er ist. Ankunft bedeutet nämlich auch, sein Hier und Heute zu finden. Die jetzige Stunde wird zur Gegenwart, ist nicht mehr der Übergang zwischen Vergangenheit und Zukunft.

Anzukommen kann man auch nicht einfach so planen oder machen. Man kann es nicht alleine bewirken. Lass mich erst einmal ankommen, bittet ein Besucher seinen Gastgeber. Wer ankommen möchte, muss sich ankommen, sich empfangen lassen. Ankunft heißt in diesem tieferen Sinne auch: seinen Ort, eine Heimat finden, Glück erfahren.

Advent heißt wörtlich »Ankunft«. In der Adventszeit bereitet man sich auf Weihnachten, die Ankunft Gottes unter den Menschen, vor. Gleichzeitig erhofft man sein Wieder-an-kommen. Dies ist eine Zeit der Freude, aber auch der Buße, des Gebetes und der Besinnung: auf Gottes und das eigene Ankommen, ein ganz neues Zusammenkommen.

Wohnen

Menschen leben nicht nur in der Zeit. Ihr Leben ist nicht allein ausgespannt zwischen dem Anfang der Geburt und der Stunde des Todes. Sie leben auch im Raum. Dieser Raum ist nicht abstrakt, nicht der Raum der Geometrie, kein endloser Raum. Es ist ein begrenzter Raum: *diese* Wohnung, *diese* Stadt, *diese* Landschaft. Anders als Tiere haben Menschen aber nicht nur einen Bau oder eine Höhle, in der sie hausen. Für Menschen heißt zu leben: zu wohnen. Wer wohnt, findet sich irgendwo und richtet sich dort ein. Er hat nicht nur ein Zuhause; er fühlt sich zu Hause. Wo er wohnt, bestimmt das »Koordinatensystem« seines Lebens: das Verhältnis von Nähe und Ferne, von Eigenem und Anderem, von öffentlich und privat. Und wie jemand wohnt, zeigt, wer er ist.

Wer kein Zuhause mehr hat, weil er obdachlos geworden ist oder vertrieben wurde, hat daher nicht allein etwas Äußeres, ein materielles Gut oder Schutz vor ungünstigem Wetter verloren. Was man verloren hat, ist weniger leicht zu fassen und daher auch weniger leicht zu ersetzen. Man nennt es »Heimat«. Es ist der Ort, wo man Wurzeln geschlagen und Halt gefunden hat, wo man sich heimisch fühlt.

Es gibt Menschen, die sich als Kosmopoliten sehen, das heißt: als Bürger des Kosmos. Ihr Zuhause ist die Welt, weil sie sich überall zu Hause fühlen, oder vielleicht auch deshalb, weil sie einmal ihre eigene Heimat verlassen mussten oder sie sich überall haltlos fühlen. Sie erfahren dann nicht die Nähe einer Heimat, sehen nicht lieb gewonnene Häuser, hören nicht eine vertraute Sprache, spüren nicht den gewohnten Gang der Jahreszeiten. In einem Hier und Jetzt zu wohnen, sich an einem bestimmten Ort heimisch zu fühlen, ist ihnen fremd.

Heimat ist ein Ort des Glücks, des gelingenden Lebens, jener Ort, an dem man sich nicht mehr fremd fühlt. Deshalb ist Heimat immer auch eine Utopie – etwas, das (wörtlich übersetzt) keinen Ort auf der Erde hat, nach dem sich Menschen sehnen, gerade auch wenn sie irgendwo zu Hause sind. Jeder Mensch ist daher immer auch heimatlos, wohnt als Gast auf Erden.

4

Leib und Leben

Leben

Menschen werden geboren, wachsen heran, reifen, altern, sterben. Sie haben eine Vergangenheit, stehen in der Gegenwart und werden einmal nicht mehr sein. Sie leben. Doch was bedeutet dies – zu leben? Vieles lebt: Pflanzen leben, Tiere leben, Unterhaltungen können lebendig sein, manche Menschen sind sogar so lebendig, dass man sie eigens »lebendig« nennt. Das Reich des Lebendigen ist groß. Alles, was über Stoffwechsel verfügt, was sich fortpflanzen und evolutiv entwickeln kann, gehört in dieses Reich. Aber reicht dies aus, um das Leben des Menschen zu verstehen? Wenn man nicht vom Brot allein lebt, was bedeutet es dann – zu leben? Man könnte sagen, dass Menschen sich zu ihrem Leben, den biologischen Prozessen, die das Leben ausmachen, noch einmal eigens verhalten können.

Tiere sind ihre Natur. Deshalb fasten Tiere nicht, sei es aus religiösen, aus medizinischen oder aus kosmetischen Gründen. Tiere folgen ihren Instinkten. Menschen verhalten sich zu ihrer Natur irgendwie – in Freiheit: Sie können zum Beispiel auf das Essen für eine gewisse Zeit verzichten. Oder sie können sich für eine Eigenschaft, die zu ihrer Natur gehört, schämen oder darauf stolz sein. Menschen können an sich arbeiten (wie man heute sagt).

Aber ist das schon alles? Gehört nicht zum Menschsein auch, dass Leben immer geteiltes Leben ist, Leben in Gemeinschaft, Zusammenleben, Leben im Angesicht eines Du, eines anderen Menschen?

Und gehört nicht letztlich zum Leben der Bezug zu jenem, von dem alles Leben kommt, weil er das Leben selbst, die Fülle des Lebens ist? Und bedeutet dies nicht umgekehrt auch, dass Menschen immer dort, wo sie wirklich als Mensch leben und nicht nur wie Tiere dahinleben oder nur vegetieren (das heißt: leben wie die Pflanzen) Gott nahe kommen?

Kann dann nicht jedes gelebte Leben ein Verweis auf Gott sein? Und wenn das so ist, können dann nicht die einfachsten und alltäglichsten Tätigkeiten immer auch Gottesdienst sein? Dann könnte in jedem Handeln, im Spielen, im Essen und Trinken, im Reisen, Wandern, Lesen, Kochen, Trauern und Weinen immer auch Gott sich zeigen – verborgen und geheimnisvoll – und verherrlicht werden.

So kann alles, was Menschen tun, manchmal bewusst und freudig, manchmal nur mit Mühe und Not, alles, was das menschliche Leben ausmacht, die guten und die schlechten Tage, das Glück, aber auch das Leid, zum Lob Gottes werden. Menschen, so scheint es, beten viel öfter, als man denkt.

Essen

An Festtagen wird gut und gerne gegessen: Die einen besuchen ein schönes Restaurant. Andere sind von ihrer Familie oder von Freunden eingeladen. Sie lassen sich bekochen und freuen sich auf ein besonderes Mahl. Und wieder andere wälzen bereits Wochen vor dem Festtag Kochbücher oder kramen alte Familienrezepte hervor. Dann geht's in den Laden: Sorgfältig wird das Gemüse ausgesucht, etwas Fleisch, ein wenig Fisch kommt hinzu und dann noch etwas Süßes. Ein Pudding? Etwas Obst oder ein Kuchen? Dann noch schnell Salat, einige Stücke Käse, Wein in den Einkaufskorb. Zu Hause wird geputzt, geschnitten und gebraten. Der Tisch ist feierlich gedeckt. Kerzen werden angezündet. Feierliche Musik erklingt aus den Lautsprechern. Die Gäste werden sehnsüchtig erwartet: Ob es ihnen wohl schmecken wird?

Das Lob der Gäste ist überschwänglich. Die Schüsseln und Gläser leeren sich. Die Runde wird immer fröhlicher. Lachend erzählt man sich Geschichten, schwelgt in Erinnerungen, macht Pläne für den Nachmittag. In Gemeinschaft schmeckt es doch am besten. Auch im Alltag, wo man nur ein schnell zubereitetes Gericht zu sich nimmt, eine Suppe vielleicht, den Apfel in der Pause, den Kaffee am späten Vormittag. Das gemeinsame Essen stiftet nämlich Gemeinschaft – und symbolisiert sie zugleich.

Deshalb kann ein gemeinsames Mahl, mag es auch ganz bescheiden sein, Streit schlichten, Fremde zu Freunden machen oder dem Leben festlichen Glanz verleihen.

Wer isst, befriedigt zunächst einmal ein ganz elementares Bedürfnis. Menschen leben nicht nur von Luft und Liebe. Sie sind Naturwesen, gehören zur Natur und sind abhängig von ihr: von Lebensmitteln, Mitteln, die leben lassen. Darum ist die Bitte, das Gebet um das tägliche Brot so wichtig. Es ist die Bitte um ein Leben, dem das Allernötigste nicht fehlt.

Da Menschen aber nicht bloß leben wollen, sondern auch gut und glücklich leben möchten, wollen sie auch gut essen. Das muss nicht teuer oder extravagant sein, im Gegenteil. Das gute Essen, das kann auch die Scheibe Brot, das Glas Wasser sein, das man mit einem Freund teilt.

Wer gut isst, wer das Essen teilt, mit anderen zusammen isst, erlebt aber nicht nur einen sinnlichen Genuss oder Gemeinschaft mit anderen Menschen. Es kann sich ihm eine mehr ahnende als wissende Erfahrung von Glück, Frieden und Erlösung schenken, die weit über alles Endliche und Begrenzte hinausweist. Jedes ganz alltägliche Mahl kann zu einem Symbol für versöhntes und erlöstes Menschsein werden. Das eucharistische Mahl ist in besonderer Weise ein solches Symbol, nämlich ein Bild, das zugleich die Wirklichkeit selbst ist.

Sitzen

Es ist wichtig, in Bewegung zu sein, schnell auf Neues zu reagieren. Am besten gar nicht stehen bleiben, nicht verweilen. Andernfalls gilt man schnell als schwerfällig. Wenn man etwas aussitzt, einfach abwartet, könnte man Wichtiges verpassen. Diese Gefahr gibt es. Chancen und Herausforderungen, ja, sogar das ganze Leben kann an einem vorbeigehen. Man kann einen Nachmittag einfach ohne Sinn und Verstand versitzen. Man kann etwas, so ein altertümliches Wort, auch absitzen. Dann will man etwas unbedingt, ist ganz versessen auf etwas. Auch das ist ein Mangel an Beweglichkeit.

Doch gibt es auch eine andere Gefahr. Diese liegt darin, vor lauter Umtriebigkeit gar keine Ruhe mehr zu finden, überall und daher nirgendwo zu sein, statt irgendwo Platz zu nehmen, Heimat, einen eigenen Platz im Leben zu finden. Der Ort, an dem eine Firma oder Institution einen Sitz hat, ist eng mit der Geschichte, mit Erfahrungen und gewachsenen Beziehungen verbunden. Er verwurzelt, gibt Halt. Leicht ersetzten lässt sich dieser Ort nicht.

Im Sitzen kann man das, was man tut, mit besonderer Aufmerksamkeit tun. Zu sitzen erlaubt, ruhig in die Welt zu schauen und sie viel tiefer wahrzunehmen, als wenn man durch sie läuft oder sich in ihr bewegt. Man kann sich Menschen, mit denen man zusammensitzt, intensiver zuwenden, als wenn man ihnen stehend oder laufend begegnet. Manches kann man auch gar nicht im Stehen sagen. Im Sitzen kann man aber auch leichter den Blick nach innen richten, als wenn man immer auf Achse oder auf dem Sprung ist. Wer sitzt, kann in sich hineinhorchen, ganz bei sich sein, gerade weil er anderes an sich vorbeigehen lässt, weil er ganz entspannt, frei für die stillen Töne ist. Wer wirklich sitzt, strahlt daher auch eine besondere Sammlung, eine eigene Würde aus. Die Throne der Könige, die Kathedra, der Sitz eines Bischofs, oder andere Ehrenplätze zeigen das.

Manches Gebet zwingt einen in die Knie oder auf die Füße. Aber auch sitzend kann man beten. Gerade wenn man sitzt, ist man nämlich besonders offen dafür, etwas zu empfangen, auf etwas zu hören.

Stehen

Gibt es nach einer Theateraufführung »standing ovations«, war das Stück besonders gut. Die Leistung der Schauspieler hat die Leute von ihren Sitzen gerissen. Sie bekunden ihre Achtung, ihre Freude, ihre Begeisterung, indem sie sich hinstellen.

Wer jemanden begrüßt und gerade sitzt, steht auf, um seinen Respekt zu zeigen. Gleichzeitig begegnen sich Stehende auf Augenhöhe. Sie erkennen einander an als Gleiche unter Gleichen. Sie zeigen sich in ihrer vollen Größe und verstecken sich nicht, weder weil sie sich schämen würden, noch weil sie etwas zu verstecken hätten. Sie zeigen dann oft einander die Hände, sie reichen sich die Hände, sie umarmen sich – Gesten der Gastfreundschaft und des Friedens.

Wer aufrecht steht, von dem wird auch Ehrlichkeit erwartet. Eide legt man stehend ab. Das »Ge-ständnis« weist in der Wortwurzel auf diesen Zusammenhang. Gelegentlich spricht man noch von einem »gestandenen Mann«. Das ist jemand, der zu seinem Wort steht, der etwas darstellt und dessen Gestalt Respekt einflößt.

Luthers berühmtes Wort konnte daher nur stehend gesprochen werden: »Hier steh ich nun und kann nicht anders!« Man kann nicht sitzen und nicht anders können. Nicht anders können, das verlangt auch Standfestigkeit, dass man mit beiden Füssen auf dem Boden steht. Es verlangt Bodenständigkeit.

Dieses Wort wird heute eher negativ verwendet. Man denkt an Menschen, die altmodisch und langweilig sind, die keine Visionen haben und sich für wenig Neues begeistern lassen. Dies ist ein sehr einseitiges Verständnis von Bodenständigkeit.

Denn es könnte sein, dass eine bestimmte Bodenständigkeit notwendig ist, um überhaupt in die Ferne schauen zu können, und dass sich Neuland nur entdecken lässt, wenn man zugleich irgendwo verwurzelt ist, irgendwo Halt findet, irgendwo so auf dem Boden steht, dass es einen nicht so leicht umhaut.

Menschen stehen auch vor Gott, nicht nur im Gottesdienst. Zum einen aus Respekt, Dank und Verehrung. Aber auch, weil sich darin ihre besondere Würde zeigt: dass der Mensch aufrecht stehen kann, dass er, auf dem Boden fest stehend und verwurzelt, doch in die Höhe reicht und so zwischen Erde und Himmel seinen Ort hat.

Knien

In die Knie geht man heute nur noch sehr selten. Menschen begegnen sich auf Augenhöhe. Sie begegnen sich als Gleiche, als Menschen mit gleicher Würde und gleichen Rechten.

Der Kniefall hat, so scheint es, nur in ironischer Brechung überlebt: Wenn etwa ein Mann um die Hand einer Frau anhält und vor ihr in die Knie geht – genauso ernst wie augenzwinkernd.

Gelegentlich wird noch geknickst und damit ein Kniefall angedeutet. Das geschieht aber nur in sehr selten Ausnahmen.

Der Kniefall ist vor allem eine Demutsgeste, eine Geste der Selbst-Bescheidung. In demokratischen Gesellschaften ist er daher zu Recht aus der Mode gekommen. Respekt zeigt man anders.

Es gibt jedoch noch mehr wichtige Ausnahmen. Fast zu einer Ikone geworden ist das Bild von Willy Brandt, der 1970 am Warschauer Ghetto-Ehrenmal wortlos in die Knie sank. Gerade weil der Kniefall so selten geworden war, war diese Geste von so tiefer Bedeutung. Ein gestandener Mann geht in die Knie und schweigt. Nie hätten bloße Worte diese Bedeutung haben können. Nie hätte ein einfaches Schweigen diese Tiefe erreichen können.

Katholiken gehen noch zu anderen Gelegenheiten in die Knie. Beim Betreten einer Kirche angesichts der im Tabernakel bewahrten geweihten Hostie, beim stillen Gebet oder auch während des Gottesdienstes. Sie knien angesichts Gottes nieder. Denn Gott und Mensch begegnen sich nicht auf Augenhöhe. So nah Gott auch dem Menschen kommt, so tief Gott im Menschen gegenwärtig ist, so sehr beugt seine Gegenwart den Menschen immer auch in die Knie.

Wer kniet, kommt der Erde, dem Staub, der er als sterblicher Mensch ist, nahe. Auch bei der Gartenarbeit kniet man oft. Kniend nähert man sich der Natur, der Quelle von Nahrung, von Schönheit, von Leben.

Man kniet aber auch, um anderen Menschen zu helfen oder nahe zu kommen, um jenen, die am Boden liegen, beizustehen.

Denn nicht jeder geht aufrecht durchs Leben. Gerade wer Menschen auf Augenhöhe begegnen möchte, muss manchmal auf die Knie gehen. Vielleicht ist das Knien doch nicht so altmodisch, wie es zunächst scheint.

Hören

Wer ein besonderes Empfinden für das hat, was gesehen werden kann, ist ein »Augenmensch«. Ein vergleichbares Wort »Ohrenmensch« gibt es nicht. Darin spiegelt sich die Bedeutung des Sehens und des Sichtbaren in der westlichen Kultur. So wichtig ist das Sehen, dass man, wenn man etwas versteht, es »einsieht« oder dass einem dann ein »Licht aufgeht«. Und doch – manches muss, manches kann man nur hören.

Denn wer jemand ist, wie es jemandem geht, das verrät die Stimme oft viel mehr als alles andere. Es ist schwer, die Stimme so zu verstellen, dass Gefühle wie Freude, Trauer oder Ekel nicht hörbar sind. Wer zuhört, lässt sich – mit Geduld – auf einen anderen Menschen ein, ist offen auch für das Unerhörte, das Überraschende, das noch nie gesagt wurde oder das man eigentlich nicht hören möchte. Jedes Gespräch ist daher immer auch ein »Gehör«. Was man hört, fordert auch dazu heraus, auf es zu hören, jemandem zu gehorchen. Weil diese Offenheit nicht einfach ist, wird vieles überhört. Oft ist es leichter, zu sprechen, selbst den Ton anzugeben und anderen etwas – die eigene Sicht der Dinge – mitzuteilen. Auch dort, wo man nicht auf einen Menschen hört, sondern Musik oder einfach den Klang der Welt wahrnimmt, ist wirkliches, nicht einfach beiläufiges Hören gefordert. Es gibt eine Kunst des Hörens, die genauso viel Übung verlangt wie die Kunst des Redens.

Noch in einer anderen Situation fällt das Hören schwer. Wenn nichts zu hören ist. Denn auch auf die Stille, in das Schweigen hinein, kann man hören. Auch dies verlangt Geduld und Übung. Die Stille hört nämlich nur, wer sich selbst zurücknimmt und auf ein Wagnis einlassen kann.

Der Glaube, sagt Paulus, komme vom Hören. Nicht vom Sehen oder von einem anderen Sinn. Auch nicht vom Sprechen oder sonst wie aus dem Menschen selbst heraus. Denn Gott hat sich nach christlichem Verständnis in seinem Wort offenbart. Gott hat sich geäußert, ist nach außen getreten, damit Menschen auf sein Wort hören, ihm gehorchen, seine »Hörigen« werden.

Singen

Auf der Straße singt jemand einen Schlager. Chorsänger bereiten sich für eine Aufführung vor und stimmen sich ein. Zum Geburtstag wird ein Ständchen gebracht. Eine Familie singt Weihnachtslieder. Fans im Fußballstadium feuern singend ihre Mannschaft an. Auf einer Gedenkveranstaltung wird die Nationalhymne gesungen. Manche Menschen singen bei der Arbeit. Im Gottesdienst erklingt ein Choral von Bach. Gesungen wird zu fast allen Gelegenheiten, früher sogar mehr als heute. Was immer menschlich ist, jede mögliche Stimmung kann durch ein Lied begleitet, im Gesang ausgedrückt werden.

Singend knüpft man an alte Traditionen an, feiert ein Ereignis, lässt jemanden hochleben, lobt Gott. Gesang vertreibt Langeweile oder Furcht, ist Zeichen von Freude und Hoffnung, aber auch Trauer.

Zu singen erhebt die Seele. Es ist daher feierlicher, zu singen als nur zu sprechen. Gefühle lassen sich im Gesang leichter ausdrücken. Wenn gesungen wird (wie überhaut wenn Musik erklingt), erschließen sich Tiefen, die das bloß gesprochene Wort nur oberflächlich berührt. Das erklärt die Faszination, die Musik in allen Kulturen auf Menschen ausübt.

Wer singt, erhebt nicht nur die Seele, sondern macht auch eine leibliche Erfahrung. Man singt mit dem ganzen Körper, steht, bewegt sich, atmet anders, als wenn man spricht. Und wer in einem Chor singt, erlebt eine besondere Gemeinschaft. Man muss aufeinander hören, sich auf die anderen einstellen, sich in die Vielfalt der Stimmen einfügen.

Gerade was in einer Spannung zueinander steht, kann, wenn man es recht zusammenfügt, dann doch zu einem Einklang, einer neuen Einheit werden. Diese ist harmonisch. Sie ist schön.

Schön zu singen, das erzeugt nicht nur eine Empfindung unter jenen, die mitsingen oder zuhören. Denn die Schönheit des Gesanges, ob dieser voller Lebenslust oder Leid, schwungvoll oder eher nach innen gewandt ist, verweist auch auf die Schönheit der Schöpfung.

In ihr zeigt sich, wie alles, so unterschiedlich und spannungsvoll es auch ist, sich letztlich zu einem Wohlklang zusammenfügt: das Hohe und das Tiefe, das Helle und das Dunkle, das Gerade und auch das Schräge.

Lachen

Ein fröhliches Kinderlachen. Eine gesellige Runde, in der viel gelacht wird. Ein Film oder Theaterstück, das die Zuschauer Tränen lachen lässt. Eine peinliche Situation, auf die man mit einem Lachen reagiert. An jedem Tag gibt es viele Gelegenheiten, zu denen man lacht.

Wer gar nichts mehr zu lachen hat, führt nicht nur ein sehr ernstes Leben. Sein Leben hat seinen Sinn verloren. Im Lachen bejaht man nämlich die Welt. Wer lacht, gibt dem Traurigen, dem Ernst, der Not nicht die Oberhand.

Lachen zeigt Freude. Das kann die Freude über einen gelungenen Witz oder eine komische Situation sein, aber auch die Freude darüber, sein zu dürfen, darüber, dass ist, was ist. Lachen verbindet und versöhnt mit der Wirklichkeit. Es erlöst und befreit vom Schlechten und öffnet für das Gute.

Lachen verbindet Menschen auch miteinander. Selbst wenn Menschen aus unterschiedlichen Kulturen kommen oder die Sprachen des anderen nicht verstehen, kommen sie einander nahe, wo sie lachen.

Ein Lächeln oder ein herzhaftes Lachen ist ein Zeichen von Wohlwollen. Es zeigt, dass man keine bösen Absichten hat, dass man es gut meint.

Sehr schnell merkt man, ob ein Lachen echt ist oder nicht. Wenig mahnt so sehr zur Vorsicht wie ein falsches Lachen, ein Lachen, das nicht von Herzen kommt. Dies ist die abgründige Seite des Lachens: Es gibt das distanzierte spöttische Lachen desjenigen, der sich anderen Menschen überlegen fühlt. Nicht selten hört man ein allzu albernes Lachen, das nichts mehr ernst nimmt. Und wo jemand ausgelacht wird, wird er bloßgestellt:»Du gehörst nicht zu uns! Du bist komisch, eine Witzfigur!« Dann verletzt das Lachen. Es verbindet Menschen nicht, sondern trennt sie.

Lange Zeit stand das Christentum daher dem Lachen mit Skepsis gegenüber. Heute sieht man das anders. Humor und Glaube, Lachen und Frömmigkeit schließen sich nicht aus, im Gegenteil.

So zeigte schon der Brauch des Osterlachens, einer witzigen und komischen Predigt am Ostersonntag, die erlösende Kraft des Lachens. Denn die Botschaft von der Auferstehung bedeutet, dass der Tod nichts mehr zu lachen hat.

Fasten

In vielen Religionen gibt es Fastengebote und Fastenzeiten. Das Fasten dient der Buße, der Reinigung oder der Vorbereitung auf ein wichtiges Fest. Es ist auch Zeichen der Nachfolge. Denn dass Christen fasten, gründet vor allem im Fasten Jesu. Menschen fasten aber nicht nur aus religiösen Gründen. Es gibt auch gesundheitliche oder kosmetische Gründe für das Fasten. Wieder andere Menschen fasten aus politischen Gründen. Sie treten in einen Hungerstreik oder essen aus Solidarität mit anderen Menschen nichts oder sehr wenig.

Wer fastet, verzichtet für eine bestimmte Zeit auf Nahrung. Manchmal isst man gar nichts, ein anderes Mal verzichtet man auf bestimmte Speisen (oder Getränke) oder isst nur das, was absolut notwendig ist. Ist das nicht ein Handeln gegen die Natur? Etwas Unmenschliches? Es gibt radikale Formen des Fastens, die krank machen, die Zeichen eines kranken Verhältnisses zum eigenen Körper sind. Es gibt aber auch ein maßvolles Fasten, das wie das Essen zum Menschsein gehört. Hunger ist ein Reiz, den Menschen mit Tieren teilen. Doch nur Menschen können, wenn sie Hunger haben und Nahrung da ist, sich entscheiden, nicht zu essen. Darin zeigt sich Freiheit. Menschen können Reize und Triebe kultivieren. Sie können sich zu ihrer Natur verhalten.

Daher ist das Fasten alles andere als ein Verzicht auf Kultur. Im Gegenteil. Es gibt – gerade beim religiösen Fasten – eine eigene Fastenkultur. Davon zeugen viele – oft sehr wohlschmeckende – Fastenspeisen oder die festliche Gestaltung der Zeit vor dem Fasten oder der Zeit des Fastenbrechens. Und davon zeugt auch, dass das Fasten nicht Selbstzweck, sondern in eine Zeit der Besinnung eingeordnet ist. Wer fastet, verlässt den Alltag und spürt dem Sinn seines Lebens nach. Wer fastet, kann daher Erfahrungen machen, die im Alltag oft untergehen: die Erfahrung der Freiheit gerade auch im Nein-Sagen, die Erfahrung der Gabe des täglichen Brotes, die oft für so selbstverständlich genommen wird, die Erfahrung des Mangels, der nach Erfüllung hungert. Und auch die Erfahrung der Schuld, die einhergeht mit der Hoffnung auf Erlösung.

Zeigen

Menschen haben einen Zeigefinger. Mit diesem Finger können sie auf etwas zeigen: Dort, das meine ich. Wer auf etwas zeigt, lässt etwas sehen. Manchmal hilft man dabei, etwas zu verstehen, indem man etwas zeigt. Man zeigt, wie etwas geht. Kinder lernen, indem sie nachahmen, was ihnen gezeigt wurde. Auch Vertrauen kann entstehen, wenn etwas gezeigt wird. Was verborgen oder privat war, wird offenbar. Etwas zu zeigen, von sich mitzuteilen oder preiszugeben, erzeugt daher auch Nähe zu anderen Menschen, Gemeinschaft mit ihnen.

Menschen werden auch dadurch unterhalten, dass etwas gezeigt wird. Eine Show ist – ganz wörtlich übersetzt – ein »Zeigen«. Ein anderes Mal zeigt man seine politischen Überzeugungen. Auch eine Demonstration ist – in wörtlicher Übersetzung – ein »Zeigen«. Es wird auf eine Überzeugung hingewiesen, und dies nicht einfach zur Information der Anderen. Denn wer demonstriert, möchte etwas verändern, die Wirklichkeit gestalten.

Manchmal auch hat »zeigen« die Bedeutung von »beweisen«. Unter einen mathematischen Beweis schreibt man: *quod erat demonstrandum*, das heißt: was zu zeigen – also: zu beweisen – war. Dann ist das Zeigen auf etwas Wahres bezogen. Was gezeigt wird, ist die Wahrheit, dass etwas tatsächlich so oder so ist.

Nicht selten zeigt man nichts anderes, sondern sich selbst. Dann geht es letztlich um mehr als um bloße Anwesenheit. Denn sich zu zeigen, das setzt im eigentlichen, im tiefsten Sinne auch Ehrlichkeit voraus: so zu erscheinen, wie man wirklich ist, sich nicht verstellen, jemandem nichts vormachen. Hier, das bin ich, so bin ich, ganz unverstellt, ganz ohne falschen Anschein.

Das Fronleichnamsfest ist ein Fest des Zeigens. Die Gläubigen zeigen sich selbst, indem sie den Innenraum der Kirche verlassen und sich auf einen Weg nach draußen, zu den anderen, in die Schöpfung machen. In der Prozession bekennen sie öffentlich ihren Glauben.

Sie zeigen aber auch, was in seinem Zentrum steht: die Begegnung mit Christus, seine Gegenwart, sein Sich-Zeigen in der Welt.

5

Zeit und Geschichte

Verabschieden

Wenn Menschen sich treffen, begrüßen sie einander. Sie anerkennen sich als Personen, zeigen ihre Wertschätzung. Dies geschieht auch, wenn Menschen auseinandergehen. Man wünscht dem Anderen etwas für die Zukunft:»Alles Gute!«,»Gute Reise!« oder »Auf Wiedersehen!« Wie das Grüßen hat auch der Abschied eine leibhafte Dimension. Als ganzer Mensch, mit Leib und Seele, geht man auseinander. Und wie der Gruß unterliegt auch das Sich-Verabschieden vielen Regeln. Hin und wieder reicht ein schneller Händedruck, ein kurzes Winken. Lässig geht ein jeder seines Weges.

Anderswo wird noch ein kurzes Gespräch erwartet, ein Kuss, eine Umarmung. Eher selten feiert man eine Verabschiedung. Dann können auch Abschiedsgeschenke überreicht werden. Über die Trennung hinweg soll die Verbindung zwischen Menschen lebendig bleiben.

Über viele Abschiede denkt man gar nicht nach. Man wird sich bald wiedersehen. Oder die Begegnung mit einem Menschen war nur flüchtig. Andere Abschiede wiegen schwerer. Man verlässt seine Heimat. Freunde entfremden sich. Hoffnungen zerbrechen. Gewohnheiten ändern sich. Schmerzhaft erfährt man: Etwas Wichtiges ist an ein Ende gekommen. Man erfährt eine Grenze. Nicht immer wird oder kann es ein Wiedersehen, eine neue Chance geben.

Doch gehört gerade der Abschied zum Leben. Manchmal ist es Zeit, Abschied zu nehmen und nach vorne zu schauen. Es könnte sonst nichts Neues geben.

Auch der Lebensweg des Menschen ist begrenzt. Einmal wird man sich verabschieden müssen, nicht nur von diesem oder jenem, sondern von allem, was einem vertraut und lieb ist: Menschen, Gewohnheiten, das eigene Leben.

Manche Menschen können sich dann nicht verabschieden. Sie werden aus dem Leben gerissen. Andere weigern sich, den Tod anzunehmen. Dann endet das Leben ohne ein letztes Lebewohl. Es fehlt, was dem Sterben wie jedem Weggehen seine Härte nimmt – und eine eigene Würde gibt.

Man kann zum Abschied »Adieu« oder »Ade« sagen, »Tschüss« oder auch »Tschö«. All diese Formeln bedeuten: »auf Gott hin«. Ob man sich wiedersehen wird, hängt auch von Gott ab. Daher sind viele Abschiedsformeln nicht nur Wünsche, sondern kurze Segenssprüche, Gebete, die den Alltag unterbrechen.

Warten

Eine Frau an einer Bushaltestelle. Ein Ehepaar vor einem Bankschalter. Ein paar Kinder vor ihrer Schule, die nach ihren Eltern Ausschau halten. Viel Zeit verbringt man damit, zu warten. Manchmal ärgert man sich darüber. Soviel Zeit hat man doch auch nicht. Manchmal auch freut man sich, dass einem ein paar Minuten geschenkt werden. Man kann einmal tief Luft holen und darf – nichts tun.

Oft weiß man auch lange vorher schon, dass man noch warten muss. Endlos ziehen sich die Stunden oder Tage in die Länge. Wenn es doch nur endlich schon so weit wäre! Vielleicht hat man Angst vor dem, was auf einen zukommt, eine Prüfung oder eine schwere Operation. Vielleicht aber ist man auch voller Vorfreude auf etwas Schönes, einen Besuch, ein Fest, eine Reise. Sogar auf das Unerwartete kann man warten.

Es gibt Menschen, die auf nichts mehr warten oder gar nichts mehr zu erwarten haben. Vielleicht sind sie voller Traurigkeit oder werden bald sterben; vielleicht meinen sie, alles im Leben erreicht zu haben. Aber wäre das menschlich? Auf überhaupt nichts mehr warten? Kann man nicht, selbst wenn man gar keine Zukunft mehr zu haben scheint, immer noch etwas erwarten: ein vielleicht ganz kleines, ein ganz kurzes Glück? Einen guten Tod? Oder Licht in der tiefen Nacht einer Depression? Und kann man je alles erreichen? Bleibt nicht immer der Schmerz, dass Menschen niemals alles erreichen können? Dass etwas immer fehlt?

Man muss und darf daher immer warten. Denn immer leben Menschen auf Zukunft, auf das, was auf einen zukommt, hin. Immer geht es auch um Glück, gelingendes Leben, jenes, das nur momenthaft in das Leben hineinragt und das immer neu, immer anders zu erwarten ist, sei es nun in den großen, hoffnungsvollen Erwartungen oder in den kleinen Momenten des Wartens im Alltag.

Vielleicht fällt das Warten vielen Menschen immer schwerer. Viele Menschen scheinen immer ungeduldiger zu werden; immer mehr füllen sie ihre Zeit, um bloß nicht einmal warten zu müssen (und zur Ruhe zu kommen). Immer mehr drängt man darauf, dass alles sofort und gleichzeitig zu geschehen habe. Haben nicht sehr viele Menschen heute Angst vor der Zukunft, Angst vor einem Glück, das sie nicht selbst erreicht und gemacht haben, sondern das sich ihnen geschenkt hat – und das sich überhaupt nur schenken kann?

Wer warten kann, schaut nach vorne; er lässt sich Zeit schenken – und viel mehr. Nicht nur im Advent, wo in besonderer Weise gewartet und erwartet wird.

Erinnern

Ein Schulfreund fragt, ob man sich noch an jenes Ereignis – ein Fest, einen Ausflug, einen Streich – erinnert. Ja, klar, kann eine Antwort lauten. Manchmal fällt die Erinnerung aber auch schwer. Man vergisst viel von dem, was man erlebt hat.

Da so viel geschieht, kann man sich die Erinnerung an Erlebnisse erleichtern: Man führt Tagebuch, sammelt Briefe, Zeitungsausschnitte und andere Andenken. Das Leben von Menschen ist voller Verweise auf ihre Vergangenheit: Eine alte Eintrittskarte in der Schreibtischschublade, das Foto eines Familienfestes – war es 1990 oder schon 1992? –, eine kleine Figur auf dem Regal, ein alter verwaschener Pulli.

Man kann sich auch an Geschehnisse erinnern, bei denen man selbst gar nicht dabei war oder dabei sein konnte: Menschen bauen Denkmale oder lassen die Vergangenheit erforschen. Sie lesen Bücher über vergangene Ereignisse oder besuchen Museen mit Ausstellungsstücken aus vergangenen Epochen.

Denn nicht nur Menschen selbst haben eine Vergangenheit, an die sie sich erinnern können, sondern auch Dörfer und Städte, Länder und Kontinente, die gesamte Menschheit. Stadt und Land sind voller Erinnerungszeichen. Manche bewusst als solche gebaut, aus Marmor, Glas oder Stahl, andere – wie Kirchen, Burgen und Schlösser – zu solchen geworden.

Die Vergangenheit ist für Menschen so wichtig, weil sie, anders als Tiere, eine ganz eigene Geschichte haben. Menschliches Leben geschieht, es bewegt sich: von einer Vergangenheit über die Gegenwart in eine offene Zukunft hinein. Woher man kommt und was man erlebt hat, hat daher einen Einfluss darauf, wer man ist, was einem jetzt wichtig ist und wohin man geht. Deshalb erinnert man sich und erzählt sich Geschichten: Weißt du noch? Damals, vor langer, langer Zeit …

Es gibt allerdings Menschen, die nur noch in der Vergangenheit leben. Dann wird das, was war, steril und trocknet aus. Andere vergessen ihre eigene und die allen gemeinsame Vergangenheit und leben nur in ihrer unmittelbaren Gegenwart. Und es gibt Menschen, die nur für ihre Zukunft leben und einem fernen Morgen alles zu opfern bereit sind. Diese Blickverengungen mögen bequem sein. Manchmal sind sie auch der Hoffnungslosigkeit, schlechter Erfahrungen oder unrealistischer Erwartungen geschuldet.

Glücklich machen sie jedoch nicht. Etwas fehlt: die lebendigen Geschichten, in denen das, was war, was ist und was sein wird, miteinander ganz eng verknüpft ist. Am Anfang des Kirchenjahres steht man am Anfang eines Jahres voller Erinnerungen – für die Gegenwart und in eine offene Zukunft hinein.

Anfangen

Es wird viel über das Ende gesprochen, darüber, dass alles Schöne einmal zu Ende gehen müsse, dass auch das Schlimmste einmal vorübergehe, dass nichts so sicher sei wie der Tod. Menschen sind endliche Wesen. In alles, was sie tun, ist diese Endlichkeit eingeschrieben. Was auch immer jetzt von Bedeutung ist, wird einmal vergehen.

Viel weniger wird hingegen über die Anfänglichkeit gesprochen, darüber, dass man immer wieder anfangen muss: Jeder Tag, jede Stunde ist ein neuer Anfang. Es gibt ganz alltägliche Anfänge: Nach der Nacht beginnt ein neuer Tag. Nach dem Wochenende eine neue Woche. Nach dem Urlaub der Alltag. Ein neues Buch liegt auf dem Nachttisch, und am Abend fängt man mit dem Lesen an. Das Leben ist voller Anfänge, so alltäglich, dass sie einem oft gar nicht mehr bewusst sind.

Neben diesen alltäglichen Aufbrüchen gibt es ganz besondere Aufbrüche, die oft auch feierlich begangen werden: Ein Neugeborenes wird getauft und im Leben begrüßt. Wenige Jahre später wird dann der erste Schultag gefeiert. In den Jahren danach reihen sich die Neuanfänge aneinander: Nie mehr im Leben wird so viel zum ersten Mal geschehen wie in den ersten Lebensjahrzehnten: die erste Liebe, der erste Kuss, das erste selbst verdiente Geld, ein erster Urlaub ohne Eltern, eine erste Wohnung.

Aber auch danach gibt es, bis in die Stunde des Todes, immer wieder erste Male, immer wieder neue Anfänge. Aufbrechen kann man immer, so verfahren die Situation auch sein mag. Und wer partout nichts anfangen will, fängt gerade darin doch etwas an: Er fängt nichts mit sich an.

Menschen sind anfängliche Wesen. Sie können immer wieder etwas anfangen, weil sie etwas mit sich anfangen müssen – und dürfen. Da gibt es keine Wahl. Das ist das Geheimnis der Freiheit. Und es ist die andere Seite der Medaille menschlicher Endlichkeit.

Der Gott Janus (nach dem der Januar benannt ist) war ein Gott mit zwei Gesichtern. Er schaut zurück und gleichzeitig nach vorn.

Wer lebt, fängt also immer, wenn etwas zu Ende kommt, etwas Neues an. Um das neue Jahr zu feiern und zu begrüßen, muss das alte verabschiedet werden. Dazwischen steht die Grenze, die den Blick vom Vergangenen in die Zukunft, vom Vertrauten ins Ungewisse lenkt: auf zu neuen Anfängen.

Hoffen

Menschen leben auf eine offene Zukunft hin. Sie haben nicht einfach Zukunft, sie sind Zukunft. Gerade in ihrem Handeln eröffnet sich der Raum dessen, was noch kommen wird. Denn Menschen sind frei. Ihre Entscheidungen lassen sich nicht einfach aus einer Menge von Daten ableiten. Manchmal lassen sich Vermutungen anstellen. Wenn etwa der Ausgang einer politischen Wahl »vorhergesagt« wird. Aber auch diese Vorhersagen können widerlegt werden – durch die Wirklichkeit, das also, was wirklich geschieht.

Die Zukunft ist daher nicht Gegenstand des Wissens, sondern der Erwartung, des Wünschens oder auch des Fürchtens. Vor allem aber die Hoffnung bestimmt den Blick auf jenes, was noch kommen wird. Das ist die Hoffnung, dass es gut weitergehen möge. Dass das Leben letztlich sinnvoll sein möge. Dass jenen Menschen, die einem nahe sind, das Leben glücken und gelingen möge.

Gleichzeitig aber ändert die Hoffnung auch die Gegenwart. Denn ohne Hoffnung verengt sich die Gegenwart auf das reine, das bloße, das trostlose Leben. Umgekehrt wird, solange noch gehofft wird, das Leben als sinnvoll, als lebenswert erfahren.

Daher gehört es zum Menschen, anderen Menschen Hoffnung zu machen. Nicht, sie zu vertrösten, sondern ihnen einen wirklichen, einen wahren Lebensmut für das Hier und Heute zu schenken.

Hoffnung kann fehlgehen. Man kann falschen Hoffnungen nachgehen oder jenes, was nie der Fall sein wird, so erhoffen, als träte es bald ein. Dann schießt die Hoffnung über ihr Ziel hinaus. Dann blendet die Hoffnung. Viele politische Ideologien fußen genau darauf: auf übertriebenen, auf illusionären, auf unmenschlichen Hoffnungen. In ihrer Mitte steht eine Hoffnung, welche die Gegenwart einer vermeintlich goldenen Zukunft opfert. Immer gilt es daher, maßvoll zu hoffen.

Auch die Liturgie ist Zeichen der Hoffnung des Menschen. Denn alles liturgische Handeln steht in der Spannung von Jetzt und Noch-Nicht, von göttlichem Zuspruch und menschlicher Antwort. Ihr Maß findet sich in jenen heiligen Worten und Taten, die sie erinnert und gegenwärtig sein lässt und die sie, gerade weil sie ihren Ursprung in Gott haben, menschlich sein lässt.

Altern

Altern ist ein natürlicher Prozess. Man muss nicht eigens etwas tun, um zu altern. Haare werden grau. Falten zeigen sich. Krankheiten und Gebrechen nehmen zu. Der Lebensraum wird eingeschränkt. Vieles, was einmal Freude bereitet hat, gehört der Vergangenheit an. Altersgenossen sterben. Wer lebt, wird älter, altert, wird einmal nicht mehr sein. Man kann sich nicht entscheiden, zu altern oder nicht zu altern. Man kann zwar aus Furcht vor dem Altern aus dem Leben scheiden. Gerade dann aber hat das Altern eine Macht über den Menschen gewonnen, die es nicht haben sollte. Niemand setzt sich mit diesen Wahrheiten gerne auseinander. Vor allem nicht, wenn Jugend zum Ideal geworden ist, wenn man selbst als alter Mensch »junggeblieben«, ein »junger Alter« sein muss. Trotzdem sind Entscheidungen möglich. Das Altern ist nicht allein Schicksal, in das man sich fraglos fügen müsste.

Man kann sich fragen, wie man alten Menschen begegnet – und wie man ihnen begegnen sollte. Die Menschlichkeit einer Gesellschaft hängt nicht zuletzt davon ab, wie diese Frage beantwortet wird. Auch dem alten, dem sterbenden Menschen kann man seine Würde nicht nehmen. Die hat er. Es ist aber möglich, sich so zu benehmen, als hätte der alte Mensch seine Würde verloren.

Noch eine andere Entscheidung stellt sich. Das Altern geschieht zwar an einem, ohne dass man eigens dafür etwas tun müsste. Aber auch wenn Krankheiten und Gebrechen des Alters einem gar keine Wahl zu lassen scheinen, kann man sich zu seinem eigenen Älterwerden verhalten. Solange man sich seiner selbst bewusst bleibt, geht auch diese Freiheit im Alter nicht verloren.

Man kann das Altern als reine Verlustgeschichte lesen – oder auch als Chance und Gewinn. Es kann als bloße Last empfunden werden oder als eine Aufgabe, die Neues möglich macht: Ehrlichkeit sich selbst gegenüber; Einblick in das, was wirklich zählt; Zeit für das Wesentliche.

Wer altert, macht nämlich oft Erfahrungen, die ein jüngerer Mensch nicht macht, weil er sie noch gar nicht machen kann. Weisheit, Nachsicht und Güte, die in einer langen Erfahrung wurzeln, sind Geschenke des Alters. Ein solches Geschenk ist auch die dankende und zugleich hoffnungsvolle Annahme des eigenen Sterbens.

Gebären

Neues entsteht auf vielerlei Weise. Es kann natürlich wachsen. Es kann hergestellt, gemacht oder durch einen Künstler geschaffen werden.

Menschen werden allerdings weder gemacht noch geschaffen. Sie werden gezeugt. Durch ihre Geburt kommt nicht einfach etwas Neues in die Welt. Jemand, ein freies Wesen kommt zur Welt. Sein Ursprung liegt im Geheimnisvollen. Kein Mensch lässt sich daher aus den Gründen erklären, die zu seiner Geburt geführt haben.

Geburten sind radikale Einschnitte, Ereignisse, die auch in einer Welt, die von der Vernunft beherrscht wird, noch tiefe Freude, Staunen und Ehrfurcht erregen. Da zeigt sich ein neuer Mensch, der wie seine Eltern und doch ganz anders ist. Alles ändert sich für seine Mutter und seinen Vater. Nie mehr werden sie diese Rolle abstreifen können.

Auch für den neu zur Welt gekommenen Menschen ist die Geburt ein Ereignis wie sonst nur noch der Tod. Nun geht er in eine offene Zukunft – und muss sich immer auch zum Schicksal seiner Geburt verhalten. Man wird nämlich nicht gefragt, wann, wo, in welche Familie man geboren werden will – oder ob man überhaupt das Licht der Welt erblicken will. In der Geburt wird den Eltern ein Kind, dem Kind das Leben geschenkt. Diese Gabe ist letztlich unverfügbar.

Eltern, die Gesellschaft oder die Wissenschaft können heute mehr als je zuvor planen, wie Kinder sein sollen. Der Unterschied zwischen Schaffen und Zeugen verschwindet. Doch was, wenn die Kinder diese Erwartungen an sie nicht erfüllen – nicht erfüllen wollen? Können sie ihre Eltern verklagen, wenn sie darunter leiden, wie sie sind?

Es gehört zur menschlichen Würde, nicht das Produkt anderer Menschen zu sein. Denn nur dann können Menschen wirklich etwas Neues mit sich anfangen und frei sein.

Noch befreiender ist es, wenn man darin, dass man lebt, den Willen Gottes erblicken kann. Dann versteht man sich nicht allein als Teil der Natur, sondern als jemand, der zur Freiheit, zum Gutsein berufen ist. An dieses Geheimnis jeder Geburt erinnert das Weihnachtsfest, aber auch das Fest der Heiligen Familie, das an diesem Sonntag gefeiert wird.

6

Sprache und Schweigen

Grüßen

Wenn Menschen einander begegnen, grüßen sie sich. Wie man grüßt, hängt vom Kulturraum ab, davon, wer man ist und wen man grüßt oder auch zu welcher Zeit man grüßt. In großen Städten grüßt man nur Menschen, die man kennt oder mit denen man, etwa in einem Geschäft, in eine besondere Beziehung tritt. In Dörfern kann es zum guten Ton gehören, auch Fremde zu grüßen. Menschen stehen immer schon in einer Beziehung untereinander. Sie teilen ihr Menschsein. Dies wird, wo gegrüßt wird, anerkannt. Grüßen ist daher ein Akt der Höflichkeit, des Respekts und der Anerkennung. Besonders deutlich wird, was im Grüßen geschieht, wenn der Gruß verweigert oder auf eine reine Gepflogenheit, eine Äußerlichkeit (ohne Herzlichkeit) reduziert wird. Da geht jemand grußlos an einem vorbei. Da ist der Gruß kurz und kalt. Da ist der Gruß auf das Notwendigste, ein kurzes Nicken oder schnell geäußertes Wort, reduziert. Dann ist die Beziehung zwischen Menschen in Frage gestellt.

Beim Grüßen wird jemand angesprochen, oft sogar mit seinem Namen. Wer grüßt, erhebt daher einen Anspruch: Du, dich grüße ich. Und er hofft, dass der Gruß erwidert wird.

Das ist kein bloß sprachliches Geschehen. Es umfasst den ganzen Leib des Menschen. Man schaut dem anderen in die Augen, reicht sich die Hand oder umarmt einander. Manchmal kann man eine kleine Verbeugung andeuten, ein anderes Mal verdichtet sich der Gruß zu einem Kuss. Und wer am Telefon seinen Gesprächspartner grüßt, weiß, dass die Stimme nun sehr wichtig ist. In ihr sammelt sich dann die leibliche Dimension des Grüßens.

Grüßen ist immer auch ein Akt des Wohlwollens. Wer grüßt, will dem anderen Menschen wohl. Er wünscht ihm daher etwas Gutes: einen guten Morgen oder einen schönen Tag.

Daher kann, gerade dort, wo Schuld und Unfrieden herrschen, der Gruß zu einem Zeichen des Friedens und der Versöhnung werden. Der Friedensgruß während der Messe verdichtet daher, was jedes wirkliche Grüßen auszeichnet: dass Menschen nicht nur in einer Beziehung zueinander stehen, sondern auf Gemeinschaft, auf Frieden hin orientiert sind, auf Glück und Heil.

Nennen

Dinge, geschichtliche Ereignisse, Phänomene der Natur, abstrakte Ideen werden benannt: Dies ist ein Tisch. Dies war eine wichtige Rede. Welch ein Erdbeben! Das war ein Sieg der Gerechtigkeit! Das Konkrete wird, indem es mit einem Begriff bezeichnet wird, in etwas Allgemeines eingeordnet. Wer etwas benennen kann, verfügt über Wissen, ist fähig, das Wirkliche einzuordnen, kann sprechen. Denn Sprechen heißt vor allem: zu sagen, wozu etwas gehört; zu erklären, was etwas ist; etwas als etwas zu bezeichnen oder zu benennen.

Menschen tragen einen Namen. Sie haben Vor- und Nachnamen. Mit dem Nachnamen werden sie einer Gruppe von Menschen, einer Familie zugeordnet.

Der Vorname folgt einer anderen Logik. Peter heißt man nicht, weil alle, die so heißen, über gemeinsame Eigenschaften verfügten. Menschen versieht man nicht einfach mit einem allgemeinen Namen. Man ruft sie bei ihrem ganz eigenen Namen, ihrem Eigen-namen: Du, Peter, schau bitte einmal!

Menschen gehören zwar zu bestimmten Gruppen. Aber sie lassen sich nie allein durch die Gruppen, zu denen sie gehören, verstehen. Sie sind *einzig-artig*.

Trotzdem sind Vornamen nicht willkürlich. Jemand kann nach einem anderen Menschen benannt werden, nach einem Vorfahren, einer biblischen Gestalt, einem Heiligen oder einem berühmten Star. Dann ist mit dem Namen die Hoffnung verbunden, dass der so benannte Mensche so wird wie jener, dessen Namen er trägt. Oder der Wunsch, dass er durch sein Leben seinem »Namensgeber« gerecht wird. Oder die Bitte, dass er unter einem besonderen Schutz stehen möge.

Wenn Gott den Menschen bei seinem Namen ruft, zeigt dies, dass Gott kein Interesse am Menschen als einem bloßen Einzelfall eines Allgemeinen hat. Jeder einzelne Mensch in seiner Einzigartigkeit, die konkrete Person ist ihm ein Anliegen.

In dieser Woche wird das Fest Mariä Namen gefeiert. Es zeigt die Bedeutung des Namens für Christen. Diese zeigen auch die Taufe, die Heiligenlitaneien oder das Vaterunser, das den Namen Gottes heiligt. Im Namen wird die unvergleichliche Besonderheit jeder einzelnen Person geehrt.

Daher weist jeder Name immer auch in ein Geheimnis. Denn die Einzigartigkeit des Menschen lässt sich nie ganz ergründen, geschweige denn benennen.

Lesen

Menschen, die lesen: im Zug, in einer Bibliothek, auf einer Park-
bank, zu Hause auf dem Sofa oder im Bett. Versunken schauen sie
in ein Buch. Sie sind konzentriert, ganz bei sich und doch bei einem
anderen. Die Welt um sie herum haben sie vergessen. Das geschrie-
bene Wort zieht sie ganz in seinen Bann.

Wer liest, widmet sich einer Lese. Er sammelt etwas: Buchsta-
ben, Worte, Texte – und in allem: Bedeutung und Sinn. Die Worte
können ganz neu sein: ein Brief, den noch kein anderer Mensch gelesen hat. Es können aber auch Worte sein, die schon viele Menschen gelesen haben, die seit Generationen immer wieder Menschen
ansprechen, mal fremd, unzugänglich und geheimnisvoll, mal ganz
vertraut, so oft gelesen, dass der Leser in der Gefahr steht, gar nicht
mehr richtig zu lesen. Vielleicht enthält aber auch ein bekannter
Text noch Überraschungen.

Jeder Leser bedarf einer Offenheit, einer Bereitschaft, sich auf
das, was er liest, immer neu einzulassen und dem Sinn des Textes
eine Chance zu geben. Dies mag insbesondere, aber nicht nur für
das Lesen jener Schriften gelten, die »heilig« genannt werden.

Augustinus hörte einst – unmittelbar vor seiner Konversion –
eine Stimme, die ihm zurief, die Heilige Schrift zu nehmen und zu
lesen: Nicht zu lesen, um Informationen zu erwerben, sondern um
den Sinn seines Lebens zu finden.

Jedes Lesen, jedes Erfassen von Sinn, und sei es der Sinn einer
ganz einfachen Geschichte, kann auf dieses tiefere Lesen verweisen:
das Sammeln jenes Sinnes, der das menschliche Leben trägt und in
dem man gesammelt, auf-gelesen wird.

Da dieser Sinn nie nur je mein Sinn ist, sondern geteilter
Sinn, Sinn, der mitgeteilt werden will, gehört zum Lesen das Vor-
lesen: wenn einer für viele die Stimme erhebt und laut die Aufmerksamkeit aller auf den einen Sinn hin versammelt.

Im Gottesdienst wird auf jenes vorgelesene Wort mit Dank –
nach den Lesungen – und Lob – nach dem Evangelium – geantwor-

tet. Dank und Lob für das, was vorgelesen wurde und jene, die gehört haben (mit offenen, nicht verschlossenen Ohren), auf die Mitte ihres Lebens hin versammelt.

Sprechen

Ein falsches Wort kann viel zerstören, einen anderen Menschen zutiefst verletzen. Worte können Menschen voneinander entfremden – und zwar gerade deshalb, weil sie eigentlich etwas anderes bewirken sollen. Denn wenn Menschen miteinander sprechen, begegnen sie sich, tauschen sich aus, kommen sich nahe. Sprache verbindet Menschen miteinander. Oft ist gar nicht so wichtig, worüber Menschen sprechen. Man spricht über Alltägliches, manchmal sogar Belangloses oder Bekanntes, das Wetter, das eigene Befinden. Sprache ist nicht zunächst ein Mittel, um Informationen auszutauschen. Sie ist ein lebendiges Zeichen für das Band zwischen Menschen. Sie ist lebendig, nicht abstrakt oder künstlich. Denn in jedem Wort, das ein Mensch ausspricht, zeigt sich seine je eigene Besonderheit: die eigene Stimme, Tonlage oder Wortwahl.

Wer mit einem anderen Menschen wirklich spricht, zeigt einem anderen Menschen Respekt und Anerkennung. Sprechen ist daher immer ein Antworten. Denn der andere Mensch stellt immer schon den Anspruch, dass man ihm menschlich begegnet. Manchmal reicht ein Gruß, ein anderes Mal ein kurzer Plausch. Wer das Wort, das Menschen einander schulden, verweigert, handelt nicht einfach unhöflich, sondern unmenschlich, tut, was Menschen nicht tun sollen. So, wie ein Wort, das verweigert wird, Zeichen des Unfriedens ist, können Worte auch wieder Frieden stiften.

Nach dem Verständnis von Judentum, Christentum und Islam sprechen nicht nur Menschen miteinander, sondern auch Menschen mit Gott und Gott mit den Menschen. Für Christen ist das Wort Gottes nicht einfach ein Buch. Es ist Fleisch geworden, hat als Person »unter uns gewohnt«.

Schweigen

Die unendlichen Weiten des Alls schweigen. Die tiefe Nacht hüllt sich in Schweigen. Wo Menschen schweigen, können sie aus Verlegenheit schweigen: wenn es aus Scham schwerfällt, etwas zu sagen, oder wenn die Beziehung zwischen Menschen so zerrüttet ist, dass es nichts mehr zu sagen gibt. Und manchmal schweigt man, weil man zustimmt: Ja, so ist es! Es gibt das Schweigen aus Respekt und Anerkennung, aus Trauer oder im Andenken. Nach einem gelungenen Konzert dauert es oft eine ganze Weile, bis der Applaus beginnt. Wer vor einem Grab steht, spricht nur das Nötigste. In Schweigeminuten wird der Toten gedacht. Auch aus religiösen Gründen kann man schweigen. Und es gibt das Schweigen der Aufmerksamkeit, des Nachdenkens, der Spannung – etwa bei einem spannenden Film oder Vortrag. Schließlich gibt es auch ein Schweigen, das »beredt« genannt wird. In manchen Situationen ist es gar nicht notwendig, noch etwas zu sagen. Was zu sagen wäre, versteht sich von selbst.

Wer schweigt, sagt nicht einfach nur nichts, sondern »sagt« etwas – nur anders, indem er gerade nichts sagt. Wie in der Musik: Die Pausen sind ja nicht einfach Abwesenheit von Tönen. Pausen konzentrieren, erhöhen die Spannung, verbinden das Zuvor mit dem Danach, führen die Melodie doch weiter und verweisen auf das, was jenseits aller Noten liegt. So auch beim Schweigen. Dass man schweigen kann, zeigt allererst, was es bedeutet, dass man etwas sagen kann. Jedes Schweigen ist letztlich – ein beredtes Schweigen.

Angelus Silesius schreibt: »Mit Schweigen wird's gesprochen. Mensch, so du willst das Sein der Ewigkeit aussprechen, / So mußt du dich zuvor des Redens ganz entbrechen.« Auch das Schweigen ist ein Aussprechen. Daher schweigt man oft, wenn es gilt, etwas sehr Wichtiges, etwas, das einem heilig ist, zur Sprache zu bringen – nicht nur im Gottesdienst oder im Gebet. In diesem Schweigen mag sich eine Stimme zu Wort melden, die so zart ist, dass sie sonst überhört wird. Vielleicht ist daher auch das Schweigen des Alls und der Nacht, die Stille tief in einem – ein beredtes Schweigen.

Dichten

Sprache ist vielfältig. Menschen reden miteinander über etwas. Jemand macht sich Notizen. Eine Frau ruft ihre Kinder. Menschen singen ein Lied. Dass Menschen sprechen können, ist sehr nützlich. Nur manchmal scheint die Sprache keinen oder wenig Nutzen zu haben. Gedichte mögen erfreuen. Sie können schön sein. Manchmal finden sich tiefe Gedanken. Sehr nützlich scheinen sie allerdings nicht zu sein. Manche Gedichte sind sogar kaum verständlich. Die Sprache selbst scheint zu feiern; sie bewirkt nichts. Das kann man sich gelegentlich gönnen. Für den Alltag taugt das nicht. Von Hölderlin stammt das Wort: »Was bleibet aber, stiften die Dichter.« Man könnte annehmen, dass Wissenschaftler, Politiker oder Techniker etwas Bleibendes schaffen. Aber Dichter?

Manche lesen ein Gedicht und fragen: »Was will der Dichter eigentlich mit seinem Gedicht sagen?« Oder sie fragen: »Hätte der Dichter das nicht so formulieren können, dass man ihn besser verstehen kann?« Wenn der Dichter aber eigentlich etwas anderes mit seinem Gedicht hätte sagen wollen oder wenn er dasselbe anders, verständlicher hätte sagen wollen, hätte er das tun können (und wohl auch getan).

Gedichte sind keine Rätsel, in denen ein Dichter etwas versteckt. Sie sind auch kein bloßes Mittel, um irgendetwas Alltägliches auszudrücken. Es gibt zwar auch solche Gedichte. Das sind aber nicht jene Gedichte, die einem den Atem rauben, von denen man gepackt wird, ohne dass man gleich wüsste, warum, die fremd bleiben, die nachklingen und das eigene Leben fraglich werden lassen. Und die einen ganz anders auf die Welt blicken lassen – weil in ihren Worten die Welt sich ganz anders zeigt.

In solchen wirklichen, bleibenden Gedichten gibt es keine bestimmte (oder »eigentliche«) Bedeutung. In ihnen öffnet sich ein Horizont, der es erst erlaubt, von Bedeutung zu sprechen. Sinn scheint auf. Dies kann der Sinn eines einzigen Augenblicks, einer

Stimmung, eines flüchtigen Gedankens sein. Wer solche Gedichte liest, merkt, dass in ihnen nicht über Sprache verfügt wird. Die Sprache selbst packt – den Dichter wie auch den Leser.

Auch die liturgische Sprache ist dichterische Sprache. In den Texten der Liturgie geht eine neue Welt auf, zeigt sich der Sinn des Alltäglichen. Alles, was ist, erstrahlt dann in neuem Licht. Auch dies ist eine Stiftung, ist etwas Bleibendes.

Erzählen

Menschen stehen gemeinsam auf der Straße. Sie besuchen einander. Sie sitzen fröhlich beisammen. Und dabei erzählen sie: was sie gemacht haben, wie es ihnen ergangen ist, was sie alles noch unternehmen wollen. Geschichten, die, wie man treffend sagt, das Leben geschrieben hat.

Manche Geschichten sind kurz, gewähren Einblicke in Alltägliches. Andere sind lang. Da sitzt man beieinander, und jemand erzählt sein ganzes Leben, Geschichten von Freude und Glück, von Schuld und Irrtum, von Verzweiflung und Hoffnung.

Wer erzählt, öffnet sich, teilt sich mit, erlaubt Nähe zu einem anderen Menschen: Hier, das bin ich. Und da niemand alleine lebt, wird oft gemeinsam erzählt: »Wisst Ihr noch, damals, als wir ...« Die Geschichte entfaltet sich im Miteinander. Indem Vergangenheit erinnert wird, wird Gegenwart gestiftet. Dabei wird Zukunft, das gemeinsame Weitergehen und Weitererzählen, eröffnet.

Freundschaften bleiben daher lebendig, wo erzählt wird. Und deshalb wird auch dort erzählt, wo Familien sich treffen. Manchmal sind es Geschichten, die alle schon kennen. Aber sie sind so schön – weil sie dem Menschen sagen, wo er herkommt, wer seine Nächsten sind, wer er selbst ist.

Erzählt wird nicht nur unter Freunden oder in Familien. Es gibt auch große Erzählungen, jene Geschichten, die in das Gedächtnis eines Landes, einer Kultur oder einer Religion eingegangen sind. Das sind Geschichten, die gefeiert, offiziell erinnert und immer wieder neu erzählt werden, Geschichten von Revolutionen, großen Entdeckungen oder dem Leben bedeutender Persönlichkeiten.

Manchmal wird sogar erzählt, was nie passiert ist, von Menschen, die nie gelebt haben. Trotzdem ziehen diese Erzählungen in ihren Bann: ein fesselnder Roman, ein spannender Film. Weil, wo immer Menschen erzählen, sie etwas über sich selbst erfahren, darüber, was es heißt, Mensch zu sein, eine Geschichte zu haben.

Auch im Zentrum der Liturgie stehen Erzählungen. Manches wird in jedem Gottesdienst erzählt, anderes nur gelegentlich. Denn Gott ist für den Menschen kein abstraktes Etwas, sondern ein Gegenüber. Es gibt eine vielfältig verästelte Geschichte zwischen Gott und den Menschen. Auch wo hiervon erzählt wird, macht der Blick auf das, was war, Neues möglich. Und er lässt hoffen, dass die gemeinsame Geschichte gut weitergehe, dass es einmal Gutes zu erzählen gebe.

Versprechen

Immer wieder verspricht man etwas. Manchmal wird man ganz ausdrücklich gefragt:»Versprichst du mir das?« Ein solches Versprechen kann sich auf die Zukunft des ganzen eigenen Lebens beziehen, eine ganz neue Wirklichkeit schaffen, die es zuvor gar nicht gab.

Meistens verspricht man etwas, ohne ausdrücklich davon zu sprechen. Wenn man jemandem versichert, dass man eine Aufgabe übernimmt, wenn man sich verabredet, wenn man bei jemandem zu Besuch ist, gibt man anderen Menschen ein Versprechen. Man verpflichtet sich, in Zukunft etwas zu tun, sich in einer bestimmten Weise dem anderen gegenüber zu verhalten.

Versprechen sind nichts, was man machen könnte. Sie sind kein Produkt. Man gibt sie aus eigener Freiheit heraus einer anderen Person, die dieses Geschenk annehmen kann oder auch nicht. In jedem Versprechen geschieht etwas zwischen freien Wesen. Für Sachen oder Tiere kann man Verantwortung übernehmen. Versprechen kann man ihnen nicht geben.

Der andere Mensch (oder Gott, wenn man ihm ein Versprechen gegeben hat) darf erwarten, dass man sich an das, was man versprochen hat, hält, dass man verlässlich ist. Leichtfertig sollte man daher nie etwas versprechen.

Menschliches Zusammenleben würde nicht möglich sein, wenn Menschen die Versprechen, die sie einander geben, nicht zumeist halten würden, wenn man immer neu fragen müsste, ob man sich denn auf den anderen Menschen überhaupt verlassen kann.

Versprechen können freilich gebrochen werden. Man kann aus Gleichgültigkeit, Nachlässigkeit und Schuld seiner Verpflichtung nicht nachkommen. Nicht selten gibt es sogar Gründe dafür, ein Versprechen nicht einhalten zu können. Nie kann man sich ganz sicher sein, ob die äußeren Umstände es erlauben, ein Versprechen zu halten. Ja, es könnte manchmal sogar falsch sein, um jeden

Preis an einem Versprechen festzuhalten. Dann muss man abwägen.

Es gibt auch Fälle tragischen Scheiterns. Beim besten Willen ist es nicht möglich, einem Versprechen nachzukommen. Man wird schuldig, ohne wirklich schuldig zu sein.

Weil die Versprechen, die Menschen einander geben, immer wieder gebrochen werden können, ist die Gabe der Verzeihung und der Versöhnung *not-wendig*. Auch sie schenkt eine neue Wirklichkeit, erlaubt einen neuen Anfang. Genau dies geschieht in der Beichte, im »Sakrament der Versöhnung«.

Danken

Für vieles kann man dankbar sein, für das, was sich nicht von selbst versteht, die unerwarteten Gaben und Freundlichkeiten, aber auch für das, was zunächst ganz alltäglich erscheint, dafür, dass es andere Menschen gibt und sie so sind, wie sie sind: freundlich einander zugewandt. Denn das ist alles andere als selbstverständlich.

Danken kann aus tiefstem Herzen kommen. Dank kann wortreich erklärt werden oder ganz wortlos geschehen: ein kurzes Nicken, ein tiefer Blick, ein fester Handschlag. Es kann stammelnd und schüchtern vorgebracht werden. Es kann zur Floskel oder zur Routine erstarren oder fehl am Platze sein. Wenn etwa Automaten für den Kauf einer Fahrkarte danken.

Was dann verloren geht, ist die personale Dimension des Dankens. Denn im Danken begegnen sich Personen. Wenn auch oft ein Zwang zum Danken wahrgenommen wird oder das Danken hochgradig ritualisiert sein kann, geschieht wirkliches Danken in Freiheit. Wer dankt, weil er muss, dankt nicht wirklich.

Automaten können einem deshalb nur im Namen von Personen danken. Danken kann man daher auch nicht sich selbst. Im Danken anerkennt man andere Personen. Es bezieht sich auf das, was man nicht selbst gemacht hat, was von anderen gegeben und geschenkt wurde.

Wer dankt, ist sich bewusst, dass er nicht Ursprung seines Lebens, seiner Erfahrungen, seines Glücks ist, dass er immer schon in Beziehung steht, dass der Dank sein ganzes Leben begleiten sollte.

Manchmal schaut man auf ein vergangenes Jahr oder sein Leben zurück und verspürt tiefe Dankbarkeit: nicht nur für dieses und jenes, auch nicht für das Leben im Allgemeinen, sondern für all die konkreten Ereignisse, das Gute und auch das Schlechte, all jenes, was in diesem Jahr, in diesem Leben erfahren wurde.

Daher kann man letztlich für alles danken. Dann gilt der Dank nicht nur Menschen für diese oder jene Gabe, sondern auch dem, der alles, was ist, in Freiheit und aus Liebe geschenkt hat.

Das Urgebet des Menschen ist daher die Danksagung oder – in Anlehnung an das griechische Wort dafür – Eucharistie.

Bezeugen

Nicht alles, was Menschen wissen, geht auf eigene Erfahrungen zurück oder kann logisch zweifelsfrei bewiesen werden. Von vielem hat man nur vom Hörensagen Kenntnis. Eltern berichten ihren Kindern von ihrer eigenen Kindheit. Eine Zeitung berichtet über Ereignisse in einem fernen Land.

Oft ist das, was man hört, nicht so wichtig, dass man den Geschichten weiter nachgehen müsste. Man glaubt es einfach. Oder es ist egal, ob wahr ist, was man gehört hat. Es würde keinen Unterschied für das eigene Leben machen.

Nicht selten hängt aber sehr viel davon ab, ob etwas wahr ist oder nicht. Wenn ein Unfall passiert ist, muss geklärt werden, wer schuldig ist. Zeugen werden befragt. Es kann sogar vorkommen, dass die Aussage eines einzelnen Zeugen den Ausgang eines Prozesses entscheidet.

Manchmal gibt es auch keine oder nur sehr wenige Indizien, die unterstützen, was ein Zeuge sagt. Dann kann er sich nur darauf berufen, die Wahrheit zu sagen. Er steht dann mit seiner ganzen Existenz für diesen Anspruch ein. Wenn er glaubhaft erscheint, vermutet man, dass auch sein Zeugnis Vertrauen verdient. Mit Sicherheit wird man das nie sagen können.

Letzte Sicherheit gibt es auch dort nicht, wo es nicht um diese oder jene Wahrheit, sondern – in Religion und Philosophie – um die großen, über Sinn und Unsinn des Lebens entscheidenden Wahrheiten geht.

Gerade bei diesen Wahrheiten, bei denen letztlich alles auf dem Spiel steht, ist man auf das Zeugnis anderer Menschen angewiesen, darauf, was sie sagen, was sie tun, wie sie handeln. Diesem Zeugnis kann man Vertrauen schenken – oder auch nicht. Denn darauf besteht kein Anspruch. Einem Zeugen zu vertrauen ist letztlich ein Akt der Freiheit.

Im Zentrum des Christentums steht das Handeln Gottes in der Geschichte. Von diesem Handeln wird erzählt. Seine Wahrheit wird bezeugt. Manchmal durch einen Nebensatz, eine kleine Geste, die alltäglichen Bräuche, ein anderes Mal durch die Tat der Martyrer, die nicht allein mit ihrem guten Namen für die Wahrheit einstehen, sondern mit ihrem Leben.

»Martyrium« heißt wörtlich übersetzt: Zeugnis. Dass am zweiten Weihnachtsfeiertag des ersten Blutzeugen für den christlichen Glauben, des heiligen Stephanus, gedacht wird, zeigt, welch radikales Fest in diesen Tagen gefeiert wird.

Beten

Dietrich Bonhoeffer hat 1943 für Mitgefangene ein Morgengebet geschrieben. Es beginnt:»Gott, zu Dir rufe ich in der Frühe des Tages. / Hilf mir beten / und meine Gedanken sammeln zu Dir; / ich kann es nicht allein.« Dies scheint ein paradoxer Text zu sein: Warum ist es notwendig, Hilfe zum Gebet zu erbitten? Wenn man aber näher darüber nachdenkt, wird deutlich, wie wichtig gerade die Bitte um Hilfe beim Beten ist. Denn wie oft wiederholt man nur Formeln, die innerlich leer geworden sind und nicht mehr tragen? Wie oft fehlen ganz die Worte? Wie oft findet man beim Beten vielleicht einen guten Anfang, um dann festzustellen, dass Zweifel einen überkommen und die Stimme versagt? Kein Gott, nirgends, so denkt man auf einmal, der die Gebete erhörte. Und wie oft überschüttet man – in anderen Momenten – Gott mit Wünschen und Anliegen, mit Fragen und Sorgen, ohne auch nur einmal auf ihn zu hören, stille zu werden, schweigend ihm eine Chance zu geben.

Beten, das ist schwer geworden. Es ist schwer im Gefängnis, schwer, wenn man Unrecht erfahren hat, schwer, wenn man dem Tod nahe ist. Es ist aber auch schwer, wenn Gott abwesend scheint, wenn alles gegen ihn zu sprechen scheint, wenn die Gedanken nicht gesammelt, sondern zerstreut sind, mal hier, mal dort und dann wieder ganz woanders, wenn einen der Zweifel oder die Angst vor der Existenz packt. Dann erscheint die Bitte ums Beten gar nicht so paradox. In ihr zeigt sich, dass man allein nichts vermag und nur mit Gott alles. Es zeigt sich aber auch, dass, wo immer man wirklich betet, Gott immer schon da ist: helfend, das menschliche Stammeln leitend, die umher fliegenden Gedanken sammelnd, das Alleinsein und die Kälte durchbrechend. Wo immer man ruft »Gott«, wo immer die Stimme sich erhebt zum Gebet, selbst dort, wo alles zu zerbrechen und die Rufe im Leeren zu verhallen scheinen, ist er schon bei den Menschen, immer schon da gewesen, um ihnen eine Stimme zu geben, eine Stimme, die nach ihm ruft und der er, in seiner eigenen, unvorhersehbaren Weise, antworten wird.

Heiligen

»Heilig« kann vieles sein. »Heilig« ist, was in der Welt der Politik, der Wirtschaft, der Medien als »heilig« präsentiert wird. Was in den Fußballstadien, in Einkaufszentren, im Internet heiliggesprochen wird. Was unantastbar ist – bis ein anderes »Heiliges« an seine Stelle tritt. Der Mensch ist kreativ, wenn es darum geht, etwas für »heilig« zu erklären.

Im Vaterunser heißt es: »Geheiligt werde dein Name.« Auch Gott scheint darauf angewiesen zu sein, dass Menschen ihn zum Heiligen zählen.

Gott ist jedoch *der* Heilige. Sein Name wäre auch heilig, wenn niemand ihn für heilig hielte. Heiligen, das bedeutet hier: Auf den Ruf des heiligen Gottes antworten, ihn, in seinem Namen, als den anerkennen, der er ist: heilig.

Wer etwas anerkennt, erkennt nicht nur, sondern lässt sich herausfordern. Wer den Ruf des heiligen Gottes wirklich erfährt und seinen Namen heiligt, handelt daher anders. Das Licht der Heiligkeit, der Güte Gottes ruft nämlich zum Gut-Sein, zum Mitwirken am Reich Gottes, zur Freiheit von allem, was fesselt, einengt und beschwert. »Dein Reich komme«, folgt unmittelbar der Aufforderung, den Namen Gottes zu heiligen.

Gott als heilig anzuerkennen, seinen Namen als heilig zu verehren, weist aber auch ins Schweigen und ins Gebet. Es ruft zur Verhaltenheit, zur Scheu, zum Dank vor einem Namen, der sich nie begreifen lässt.

Denn nicht ein Begriff, etwas Allgemeines, sondern der Eigen-Name Gottes, was ihm ganz eigen ist, soll geheiligt werden. Gott selbst und nichts, was nur für Gott oder göttlich gehalten wird. Geheiligt sei dieser Name nicht, weil es Menschen so gefiele oder sie ihre Macht bewähren könnten. Nicht, weil es nützlich sein könnte oder gar in Mode wäre. Sondern aus dem einfachen Grund, dass Gott selbst heilig ist.

Anderes kann nur heilig sein, wenn es im Anspruch des heiligen Gottes steht und auf seinen Namen hinweist, ihm Gestalt verleiht: heilige Orte, heilige Zeichen, heilige Zeiten, heilige Schriften, heilige Menschen. Wer Gottes Namen heiligt, befreit sich daher auch von den Götzen, den alten und den immer neuen, die nicht befreien, sondern verstricken: in ihren verführerischen, einzwängenden Bann.

7

Leid und Tod

Trauern

Eine naher Verwandter, eine gute Bekannte, ein enger Freund stirbt. Jemand erfährt von einer schweren, einer tödlichen Krankheit. Oft gibt es die kleine Hoffnung, dass sich noch etwas machen lässt. Man könnte ja noch einmal eine neuartige Therapie ausprobieren oder einen anderen Arzt aufsuchen. Manchmal gibt es diese Hoffnung nicht mehr. Traurig richtet sich die Aufmerksamkeit auf das, was war. All die schönen Stunden. All das, was man hätte tun können. Auch das Leid, die Sorgen und Probleme. Es wird nie mehr so sein, wie es früher war. Der Blick verengt sich. Die Gegenwart verschwindet im Nebel der Trauer. Die Zukunft scheint es gar nicht mehr zu geben.

Zur Trauer gesellt sich die Angst. Plötzlich wird alles fraglich. Warum? Warum nur? Diese Frage bleibt ohne Antwort. Die Welt ist kalt und leer geworden.

In dieser Situation tröstet es nicht, bloß zu wissen, dass Verlust und Trauer zum Leben gehören. Dass Leben nur möglich ist, weil es immer wieder gilt, Abschied zu nehmen. Dass menschliches Leben ein fortwährendes Abschiednehmen ist.

Vieles vertröstet dann nur, hilft auf Kosten der Wahrheit oder nur für einen kurzen Moment, ohne wirklich in die Tiefe zu reichen und Erleichterung zu bringen. Worte können angesichts des Todes unglaublich leer und nichtssagend sein. Und all die menschliche Hektik und Betriebsamkeit wird eitel, wenn alles im Nichts zu verschwinden droht.

Es gibt viele Möglichkeiten, die Trauer zu verdrängen. Es kann aber *not-wendig* sein, sie anzunehmen, so, wie sie ist. Denn wer trauert, durchlebt die Wahrheit seines eigenen Menschseins. Er erfährt, dass Menschen – er selbst wie auch die, die ihm die Liebsten sind, und alle anderen auch – Staub sind und wieder zum Staub zurückkehren werden.

Wer diese Wahrheit durchlebt (und nicht einfach zur Kenntnis nimmt), wird für billige Vertröstungen nicht dankbar sein. Er wird jenen Menschen danken, die für ihn in seiner Trauer da sind. Dadurch geben sie Hoffnung, dass nicht die Sinnlosigkeit, sondern der Sinn das letzte Wort hat.

Daher wird, wer Trauernden begegnet, ihnen nicht durch vertröstende Ablenkungen, sondern in schlichter Menschlichkeit nahe sein: im Schweigen, in einfachen Gesten der Fürsorge, im Gebet, im Glauben auf Licht in aller Dunkelheit.

Scheitern

Wenn Menschen etwas tun, setzen sie sich Ziele. Manchmal geschieht dies ganz unbewusst. Oft macht man Pläne: Das, genau das möchte man erreichen. Gleichzeitig steht menschliches Handeln immer in einer offenen Zukunft. Es ist unmöglich, die Zukunft vorherzusehen oder so zu planen, dass nichts Überraschendes oder Ungewöhnliches mehr geschehen könnte. Etwas kann trotz bester Absichten scheitern.

Nicht nur etwas, sondern auch Menschen können scheitern. Sie können sich anstrengen, nach bestem Wissen und Gewissen handeln und dennoch nicht erreichen, was sie sich vorgenommen haben.

Manchmal nehmen Menschen sich zuviel vor. Dann gilt es, die eigenen Erwartungen an die Wirklichkeit anzupassen. Man wird bescheidener.

Ein anderes Mal stimmt das Ziel, aber nicht der Weg zum Ziel. Auch dann kann man aus den Fehlern, die man gemacht hat, lernen. Es kann dann immer noch möglich sein, das gesetzte Ziel zu erreichen. Vielleicht muss man sich einfach etwas mehr Zeit lassen. Oder man muss jemanden um Hilfe bitten. Wer in einem Vorhaben scheitert, kann daher eine wichtige Erfahrung machen.

Nicht jedes Scheitern lässt sich so leicht bewältigen. Manchmal tut man etwas, was man nicht wiedergutmachen kann. Diese Schuld lässt sich nicht einfach aus der Welt schaffen. Was geschehen ist, kann sogar genau das sein, was man um jeden Preis verhindern wollte. Man wird schuldig, und doch trifft einen eigentlich keine Schuld. Oder man muss erkennen, dass man schuldig wird, was auch immer man tut oder nicht tut. Dass man, so sehr man sich auch angestrengt hat, scheitern musste.

So geht oft in die Brüche, was einem am wichtigsten ist: eine Ehe, eine Freundschaft, ein Lebensplan.

Menschliches Leben ist in Schuld verstrickt – oft gegen die eigenen Wünsche und Erwartungen. Aus dieser Schuld kann man sich nicht einfach befreien. Es ist nicht einfach möglich, das Scheitern rückgängig zu machen. Aber es ist möglich, das eigene Scheitern anzunehmen, ohne dass man mit ihm einfach fertigwerden könnte. Möglich ist auch die Gabe der Vergebung. Dies ist auch die Gabe der Hoffnung, dass es nun gut weitergehe.

Sterben

Das Leben im Hier und Heute verlangt alle Aufmerksamkeit. Selten nur denkt man daran, dass auch die Zeit, die man selbst hat, begrenzt ist. Manchmal rückt der Tod einem jedoch nahe, vielleicht sogar näher, als einem lieb ist. Ein naher Verwandter stirbt. Man leidet unter einer schweren Krankheit. Ein Krieg oder eine Naturkatastrophe verlangen viele Opfer. Ein Freund hätte fast einen schweren Unfall verursacht.

Mit dem eigenen Tod konfrontiert zu werden, macht Angst. Altern und Sterben müssen daher möglichst weit hinausgedrängt, das Leben oft um jeden Preis verlängert werden. Sterbenden möchte man am besten gar nicht begegnen.

Die moderne Wissenschaft scheint diese Flucht vor dem eigenen Sterben zu unterstützen. Man will den Tod beherrschen, in den Griff bekommen. Wo er sich gar nicht mehr vermeiden lässt, will man selbst bestimmen, wann man aus dem Leben geht. Doch fragt sich, ob man nicht gerade dann auch aus Angst und Furcht handelt.

Vielleicht handelt man nämlich gerade dort selbstbestimmt, wo man das eigene Sterben nicht selbst genau festlegen will, das Leben nicht unnötig, gegen die eigene Würde, verlängert oder verkürzt. Wo man das Sterben so annimmt, wie es sich gibt.

Das kann schon mitten im Leben geschehen. Wer seine eigene Endlichkeit annimmt, wird anders, bewusster, wahrhafter leben können. Wer im Leben lernt, zu sterben, wird mehr als er selbst, weniger von anderen, ihren Erwartungen oder der eigenen Angst bestimmt leben als jene, die den Tod verdrängen.

Gerade aber, wenn der Tod unmittelbar bevorsteht, kann man wirklich frei werden. Vielleicht macht man in seinen letzten Tagen Erfahrungen, die das Leben stimmig werden lassen, die allem, was man erlebt hat, Sinn verleihen.

Dann wird man gelassen der Stunde des eigenen Sterbens entgegensehen können. Dies fällt nicht immer leicht. Manchmal ist es auch gar nicht möglich.

Am einfachsten fällt das Sterben wohl, wenn man auf ein erfülltes, ein gelungenes Leben zurückschaut, wenn nicht Verzweiflung, sondern Hoffnung und Zuversicht das Leben und dann auch das Sterben bestimmen.

Diese Gnade hat Simeon erfahren. Seine Augen haben Gottes Heil gesehen. Nun kann er in Frieden gehen.

Weinen

Manchmal will man weinen. Man weiß um die befreiende, die läuternde Kraft von Tränen. Doch man kann nicht. Die Trauer ist zu groß. Das Herz ist wie verstockt. Ein anderes Mal sind einem Tränen peinlich. Man versucht, sie zurückzuhalten. Es geht jedoch nicht. Mit aller Macht überkommen sie einen. Mit Vernunft lassen sich Tränen nicht kontrollieren. Man kann heucheln oder spielen, dass man weint. Dann spricht man von Krokodilstränen. Diese lassen sich aber meist leicht von echten Tränen unterscheiden. Wer wirklich weint, spielt einem nichts vor, zeigt sich selbst.

Es gibt Fälle, in denen ein äußerer Reiz einem die Tränen in die Augen treibt. Tränen können sentimental sein. Man bedauert sich selbst, genießt das Selbstmitleid, weil man weiß, dass es doch nicht so schlimm ist. Manche Menschen sind nah am Wasser gebaut.

Zumeist verbirgt sich hinter Tränen aber viel mehr. Der Leib zeigt, was tief in den Bereich des Seelischen hineinreicht, was die gesamte Person erschüttert: ein starkes Gefühl von Schmerz, Trauer, Angst oder auch Wut.

Wer weint, hat seine innere Mitte, seine Selbstsicherheit verloren, ist nicht mehr Herr seiner selbst. Auch jede Fassade, wie jemand nach außen erscheinen will, bricht zusammen. Nackt, ohne Schutz und Verstellungen zeigt sich ein schwacher Mensch, der anderer Menschen bedarf, ihres Wortes, ihres Trostes, ihrer Hilfe.

Wer jemanden weinen sieht, ist zum Beistand aufgerufen. Weitere Erklärungen sind erst einmal nicht nötig. Auch tiefe Freude oder Glück kann Menschen so überwältigen, irritieren und auch verunsichern, dass sie weinen. Auch dann ist man »außer sich«.

Tränen werden oft verdrängt. Man weint nicht öffentlich, zeigt keine tiefen Gefühle, will bei sich bleiben. Geweint wird zu Hause. Dadurch schützt man sich – und die anderen Menschen.

Es fällt nämlich oft schwer, Menschen zu begegnen, die weinen. Man schaut verschämt weg. »Weinerlich« zu sein, ist eine negative Eigenschaft. Und doch kommen sich Menschen nie näher, als wenn sie trösten und Trost erfahren oder als wenn sie miteinander weinen.

Das Evangelium weiß um das Leid der Hoffnungslosen, der Verzweifelten, der Weinenden. Es verheißt ihnen die Freude, dass Gott sich ihrer Tränen erbarmt.

Verzweifeln

Zweifel irritiert, verunsichert, lässt Gewissheiten zerbrechen. Wer zweifelt, verliert seine innere Einheit. Einem Ja steht ein Nein, dem So-und-so das Vielleicht-ganz-anders gegenüber. Der Zweifel kann an einem nagen und bohren, sodass man langsam seine »Substanz« verliert, dünnhäutig wird. Aber selbst der radikalste Zweifel zersetzt das eigene Ich nicht so sehr wie die Verzweiflung.

Denn während der Zweifel auf einer gedanklichen Ebene angesiedelt ist, erfasst die Verzweiflung das gesamte Leben. Dem Verzweifelten sind nicht einfach einige Überzeugungen fraglich geworden. Wer wirklich verzweifelt ist, ist auch nicht bloß verstimmt oder in seinen Gefühlen aus der Bahn geworfen.

Wer verzweifelt ist, dem ist alles zerbrochen. Alles ist in Dunkelheit getaucht. Was auch immer dem Verzweifelten begegnet, zerfällt zu – nichts. In der Verzweiflung geht daher nicht allein ein innerliches Einssein verloren, sondern die Einheit, der Sinn von allem, was überhaupt ist.

Den Zweifelnden kann man davon zu überzeugen versuchen, dass seine Bedenken nichtig sind. Verzweifelten kann man nicht mit Argumenten helfen. Wenn gar kein Sinn mehr erfahren wird, ist auch die Sinnfrage sinnlos. Jeder Gedanke, der Hoffnung versprechen könnte, wirkt abgehoben. So, als würde man die Tiefe der Verzweiflung nicht ernst nehmen.

Man kann bei den Verzweifelten sein, für sie da sein, aber die Trostlosigkeit ihrer Verzweiflung letztlich nicht teilen, sondern nur ahnen. Wer radikal verzweifelt ist, ist nämlich ganz auf sich selbst zurückgeworfen, einsam, verlassen. Alles ist dem Verzweifelten unendlich fern gerückt: die Möglichkeit des Schönen, des Guten und Wahren, die Nähe anderer Menschen, nicht selten auch der Zuspruch Gottes.

Die Größe der christlichen Botschaft mag darin liegen, dass sie auch der Verzweiflung eine Stimme verliehen hat. Von Hiob bis zum gottverlassenen Jesus am Kreuz, von den Jüngern unmittelbar nach der Kreuzigung bis zu jenen Heiligen (nicht wenigen übrigens), denen sich immer wieder auch die Erfahrung von Gottes Gegenwart entzog.

Das Christentum nimmt auch eine andere Möglichkeit ernst. Dass gerade der Entzug, das Fehlen Gottes eine Weise seiner Gegenwart sein kann. Im Nichts könnte sich Fülle verbergen. In der tiefsten Verzweiflung schwiege dann – der göttliche Gott.

Leiden

Menschen sehnen sich nach Glück. Doch bleibt die Erfahrung von Glück Geschenk – immer gefährdet, immer auch in Frage gestellt. Denn wie sehr man auch Glück erfährt, immer droht der Tod, immer bleiben der Schmerz und das Leiden. Nicht nur das eigene Leiden, auch das Leiden der anderen stellt das Glück in Frage: Kann, ja, darf man glücklich sein, wenn andere leiden?

Wer leidet, verliert sein Zentrum, seine innere Mitte. Alle Aufmerksamkeit konzentriert sich auf den Schmerz. Was einmal Bedeutung hatte, wird belanglos. Der Lebenshorizont engt sich ein und verdunkelt sich. Menschen erfahren, wenn sie leiden, Sinnlosigkeit, manchmal so sehr, dass jede Erfahrung von Sinn zusammenbricht. Wer leidet, verdient daher Mitleid, Hilfe, Linderung.

Manchmal zeigt sich aber gerade im Leiden auch die Möglichkeit einer tiefen Erfahrung von Sinn. Ohne Frage – man darf das Leiden nicht suchen, um diese Erfahrung zu machen. Eine falsch verstandene Leidensmystik ist unmenschlich.

Menschlich ist aber auch, nicht zu verdrängen, dass Leiden zum Leben gehört. Dass menschliches Glück immer auch mit Schmerz verbunden ist. Und dass, wer großen Schmerz empfindet, nicht den Sinn seines Lebens verlieren muss.

Denn wer leidet, kann etwas über sich und die Welt erfahren, das ihm sonst verschlossen bliebe. Plötzlich stellen sich Fragen und Aufgaben, die sonst verdrängt werden. Und auf einmal empfindet er tiefen Dank für all jenes, was zuvor noch ganz selbstverständlich erschien. Nun wird klar, was wirklich zählt.

Im Leiden kann man auch etwas über andere Menschen erfahren, über ihr Mitgefühl und ihre Solidarität, aber auch über ihren eigenen Schmerz und ihr eigenes Leiden. Es gibt eine Gemeinschaft der Leidenden. Diese ist letztlich die Gemeinschaft aller Menschen.

Wer Schmerz empfindet, kann aber auch etwas über Gott erfahren, über jenen Gott, der mit den Menschen mitleidet und selbst gelitten hat.

Auch das Leiden Jesu, sein Schmerz waren nicht sinnlos. In ihm ist jeder Schmerz aufgehoben. Und umgekehrt leuchtet in jedem menschlichen Leiden das Leiden und Mitleiden Jesu hervor, oft ganz unscheinbar.

Der Mensch gewinnt im Leiden Tiefe – wenn er es annimmt, widerstrebend und zornig und manchmal sogar mit verstehender Dankbarkeit.

Verlieren

Man kann Gegenstände verlieren. Man kann auch eine Wette oder ein Spiel verlieren. Nicht zuletzt kann man auch alles, was man besitzt, oder sich selbst, die Hoffnung, die Heimat, einen geliebten Menschen verlieren. Am Ende, so weiß man, wird man das Leben verlieren.

Jedoch will niemand etwas verlieren. Verlust geschieht immer gegen den eigenen Willen. Statt zu verlieren, will man etwas finden, erreichen oder bekommen, man will gewinnen. Der Verlust nagt am Stolz, am Lebenswillen des Menschen. Er kann alle Hoffnung nehmen, das Leben als völlig sinnlos erscheinen lassen.

Je älter man wird, desto mehr scheint man allerdings unweigerlich zu verlieren: den unverstellten Blick des Kindes, den Schwung und die Energie der Jugend, selbst die Abgeklärtheit und Weisheit des Alters kann man verlieren.

Nichts scheint Sicherheit zu gewähren. Immer wieder heißt es, Abschied zu nehmen, neue Grenzen, die man gerne überschritten hätte, anzuerkennen. Das Leben scheint eine »Verlustgeschichte« zu sein.

Manchmal weiß man, was man durch einen Verlust gewinnt, ein anderes Mal wäre allein die Frage danach zynisch. Es gibt Menschen, die alles verloren haben, was ihrem Leben Bedeutung hätte verleihen können. Die gerade noch über das bloße Leben verfügen.

Es ist allerdings nicht allein wichtig, was man verloren hat, sondern auch, wie Menschen mit dem Verlust umgehen. Ob sie die Wirklichkeit anerkennen, nicht um weniger zu trauern oder den Verlust leichtfertig zu nehmen, sondern um wieder in der Gegenwart leben zu können.

Nur dann ist nämlich auch eine Zukunft möglich, die nicht allein unter dem Zeichen des Verlustes steht. Es mag sein, dass selbst ein zutiefst erschütternder Verlust nicht verbittert, sondern sogar dankbar macht: für das, was war, für das Neue, das möglich wurde, für die Erfahrung, die einen Menschen reifen ließ, für andere Menschen, die in der Zeit der Not für einen da waren. Der Verlust bleibt, aber er hat sich gewandelt und erlaubt einen neuen Blick nach vorne. Es gibt wieder Hoffnung. Diese Hoffnung steht im Zentrum des christlichen Glaubens.

8

Gott und Mensch

Besuchen

Mancher Besuch ist unerwartet. Plötzlich klingelt es an der Tür. Man freut sich. Andere Besuche sind unerwünscht oder dauern zu lange. Man fühlt sich eingeengt, überfallen, nicht Herr im eigenen Haus. Besuche unterstehen vielen Regeln oder Gewohnheiten, die leicht verletzt werden können. Es steht nicht immer frei, ob man ein Geschenk mitbringt oder nicht, wann und wie man kommen darf, wie lange man bleiben darf. Dafür gibt es gute Gründe. Wer einen Besucher empfängt, lässt einen anderen Menschen in sein Eigenstes. Man öffnet sein Zuhause, bereitet sich vor, ist Gastgeber.

Viele Besuche finden ihren Zweck in sich selbst. In ihnen zeigt sich Freundschaft, familiäre Nähe. Man freut sich, mit anderen Menschen Zeit zu verbringen.

Andere Besuche verrichtet man aus Pflicht oder weil man den Geboten der Höflichkeit folgt. Wieder andere Besuche geschehen ganz um eines anderen Menschen willen. Man möchte den Anderen in einer schwierigen Situation nicht alleine lassen. Zeigt ihm, dass man an ihn und sein Schicksal denkt, dass man für ihn da ist.

Besuche bei Kranken und Besuche bei Gefangenen gehören zu den Werken der Barmherzigkeit. Diese Besuche geschehen um der besuchten Menschen willen. Für die Besuchten, für jene, die einsam sind, die leiden, die sterben, sind sie nicht nur ein Zeichen menschlicher Nähe. Dass Menschen füreinander da sind, wird in ihnen ganz konkret.

Die Besuchten erfahren Solidarität, Trost, Aufmunterung, wenn ihnen jemand seine eigene Gegenwart schenkt. Sie sind auch notwendig für Menschen, die schuldig geworden sind – und einsam. Wer sie besucht, erkennt an, dass sie nicht nur Verbrecher sind. Bei aller Schuld bleiben sie Mitmenschen, die des Beistandes bedürfen, die darauf angewiesen sind, dass sich ihnen ein Mensch zuwendet, dass jemand bei ihnen ist und seine Zeit mit ihnen teilt.

Zu Allerheiligen und Allerseelen werden die Toten besucht. Ihre Gräber werden geschmückt. Man denkt an ihr Leben, erinnert sich an gemeinsame Erlebnisse, betet für sie. Tote zu besuchen ist nicht nur Zeichen der bleibenden Verbundenheit mit den Verstorbenen, sondern auch der Hoffnung.

Vertrauen

Man kann Gegenständen vertrauen, einem alten Auto etwa, dass es seinen Geist nicht aufgibt, oder dem Wetter, dass es schön bleibt. Im eigentlichen Sinne aber vertraut man anderen Menschen. Man erwartet, dass sie ihr Wort halten, sich als treu, als verlässlich, als zuverlässig erweisen. Auch sich selbst kann man vertrauen. Denn man kann seiner selbst nie sicher sein, nie wirklich wissen, dass man der ist, der man sein will und soll.

Meist ist Vertrauen selbstverständlich. Man denkt nicht eigens darüber nach, hat oft Erfahrungen gemacht, die das Vertrauen rechtfertigen. Wie sehr man jemandem Vertrauen geschenkt hat, manchmal sogar ganz voraussetzungslos, merkt man oft erst, wenn dieses Geschenk enttäuscht wurde. Dann fragt man sich, ob man es nicht hätte besser wissen können.

Nicht selten muss man jedoch Vertrauen eigens aufbringen, sich darum bemühen. Eine neue Situation fordert einen heraus. Man sieht einer Gefahr ins Auge, muss sich entscheiden, den Sprung ins Ungewisse wagen.

Manche Menschen haben jedes Vertrauen anderer oder sich selbst gegenüber verloren. Sie wurden zu oft enttäuscht. Misstrauisch nehmen sie die Welt wahr. Sie rechnen nur noch mit dem Schlechtesten. Alles erscheint ihnen unsinnig. Wer so lebt, ohne jedes Vertrauen, ohne Zuversicht, ohne Hoffnung, ist ganz allein, einsam, verlassen.

Wenn man bei solchen Menschen ist, für sie da ist, können sie neues Vertrauen gewinnen. Dann kann sich neu zeigen, welch ein Wunder es ist, dass Menschen, nicht nur Freunde, sondern auch Fremde, überhaupt einander vertrauen können.

Vertrauen ist nicht nur auf einzelne Situationen oder bestimmte Menschen begrenzt. Man kann dem ganzen Leben vertrauen, darauf, dass es letztlich gut ist und gut weitergeht. Das ist nicht naiv. Es bedeutet nicht, dass man nicht mit Schlechtem, mit Enttäuschungen, mit Ärger und Leid rechnen müsste. Wer dem

Leben vertraut, stiehlt sich nicht aus der Wirklichkeit heraus. Aber er glaubt, dass alles in einer allumfassenden Sinnhaftigkeit aufgehoben ist.

Im christlichen Glauben ist dieses Urvertrauen verdichtet. Man vertraut Gott, setzt auf seine Treue, hofft, dass er es gut meint, dass er für die Menschen da ist.

Sich erbarmen

In jeder Messe, im »Kyrie« oder im »Agnus Dei«, wird Gott um sein Erbarmen gebeten. Menschen bedürfen nämlich immer wieder des göttlichen Erbarmens. Ihr Leben ist fehlbar und von Schuld und Sünde durchzogen. Immer wieder geraten sie unverschuldet in Not. Die Barmherzigkeit, das Sich-Erbarmen ist (das hat jüngst auch Papst Franziskus in Erinnerung gerufen) eine der wichtigsten Eigenschaften Gottes. Dies glauben nicht nur Christen, sondern auch Juden und Muslime.

Erbarmen ist allerdings nicht einfach mit Mitleid gleichzusetzen. Wer mitleidet, ist solidarisch mit jenen, die leiden. Er wird auch versuchen, ihr Leid zu lindern. Erbarmen ist mehr als dies. Denn wer sich erbarmen kann, verfügt über eine eigenartige Macht. Diese Macht erlaubt es, von Unfrieden, Not und Schuld zu befreien. Sie erlaubt, einen neuen Anfang zu setzen.

Wer darum bittet, dass Gott sich erbarmt, hofft genau dies: Dass an die Stelle der Trauer neue Hoffnung trete und dass, wo Verzweiflung und Schuld alles verdunkelt, das Licht der Erlösung scheine. Daher endet das »Agnus Dei« mit der Bitte um die Gabe des Friedens. Einen Anspruch darauf gibt es freilich nicht. Das Sich-Erbarmen bleibt – Geschenk.

Wo Menschen sich erbarmen, klingt dies schnell sentimental. Oft wird dieses Wort nur noch in ironischer Gebrochenheit verwendet. So erbarmt man sich des letzten Stückchens Kuchens auf einer Kaffeetafel. Vielleicht fürchtet man das »Machtgefälle«, das sich zeigt, wo barmherzig gehandelt wird. Möglicherweise will man auch nicht auf eine freie Gabe, etwas, das der Logik der Wirtschaft entgeht, angewiesen sein.

Die Not-wendigkeit des Sich-Erbarmens wird aber dort deutlich, wo die Barmherzigkeit fehlt. Dort, wo jemand unbarmherzig oder erbarmungslos vorgeht. Oder wo es einem Menschen erbärmlich geht. Hier ist nicht nur Gottes Erbarmen gefragt. Auch Menschen können und müssen sich einander erbarmen.

Dies muss nicht von oben herab geschehen. Sich-Erbarmen, das ist letztlich keine Geste überlegener Großzügigkeit, sondern der elementaren Menschlichkeit. Denn des Erbarmens und seines Friedens bedürfen alle Menschen – immer wieder.

Daran erinnern nicht nur die »Werke der Barmherzigkeit«, sondern auch der Weiße Sonntag, der seit einigen Jahren auch »Barmherzigkeitssonntag« heißt.

Vergeben

»Vergeben« oder »entschuldigen« bedeutet: von Schuld lossprechen. Beide Worte werden oft jedoch in unterschiedlicher Weise verwendet. Immer wieder entschuldigt man sich, für eine kleine Störung, eine Nachlässigkeit, mangelnde Aufmerksamkeit. Immer wieder wird auch Entschuldigung gewährt: Alles nicht so schlimm. Selbstverständlich. Was *Ent-schuldigung* aber wirklich bedeutet, bleibt im alltäglichen Entschuldigen zumeist verborgen.

Die Bitte, von Schuld freigesprochen zu werden, ist radikal. Und genauso radikal ist es, dieser Bitte zu genügen. Bewahrt ist der außerordentliche Charakter der Ent-schuldigung, wenn um Vergebung gebeten wird. Wer diese Bitte äußert, ist sich meist einer großen Schuld bewusst. Selten wird sie einfach und schnell gewährt.

Manche Schuld bedarf der Auseinandersetzung, der intensiven Bewältigung. In anderen Fällen hilft die Zeit – nicht, die Schuld zu vergessen, sondern neu und anders über sie zu denken und sie besser zu verstehen. Manchmal ist es gar nicht möglich, zu vergeben. So schwer wiegt, was geschehen ist. Es ist unverzeihlich.

Dann ist es nicht (oder noch nicht) möglich, einen neuen Anfang zu setzen. Denn genau dies geschieht, wo vergeben wird. Was geschehen ist, wird anerkannt, aber gerade als geschehen, als vergangen. Es soll nicht länger seinen Schatten über Gegenwart und Zukunft werfen.

Dieser Neuanfang ist aber nur möglich, wenn, wer schuldig wurde, Reue zeigt und um Entschuldigung bittet. Man muss dies selbst tun – aus freien Stücken. Niemand kann dazu gezwungen werden, nicht mehr mit einer Schuld leben zu wollen. Genauso ist die Vergebung ein Akt der Freiheit. Ohne Freiheit gibt es keine Versöhnung.

Wenn Menschen sich nicht immer auch versöhnten, wenn es nicht die Hoffnung gäbe, dass auch Gott Schuld vergibt, wäre die Geschichte nichts als ein Schuldzusammenhang, der sich immer weiter aufwiegeln würde. Dann herrschte Unheil ohne Ende.

Daher ist die Bitte um Vergebung, so schwer sie oft fällt, eine zutiefst menschliche und notwendige Bitte. Nicht nur, weil alle Menschen immer wieder schuldig werden, sondern auch, weil sich menschlich nur dort leben lässt, wo das geschehene Unrecht zur Vergangenheit wird und Versöhnung in die Zukunft blicken lässt.

Empfangen

Niemand hat sich selbst geboren oder erzogen. Glücklich kann man ohne andere Menschen nicht werden. Man würde verkümmern. Denn immer wieder ist man darauf angewiesen, dass andere Menschen für einen da sind, für einen Verantwortung übernehmen, für einen sorgen. Da sind die Eltern, die Geschwister, die Familie und die Freunde. Da sind auch Nachbarn und entfernte Bekannte oder manchmal jemand, den man gar nicht kennt, der Fremde, der einem menschlich begegnet.

Manchmal erfährt man jene Hilfe, die ein ganzes Leben ändern kann. Ein anderes Mal freut man sich über eine kleine Geste, eine Freundlichkeit, ein aufmunterndes Lächeln oder einen Gruß, aus dem echtes Wohlwollen spricht.

Menschen leben nicht aus sich selbst heraus. Sie leben voneinander, davon, dass sie nicht einfach nur etwas, sondern sich selbst einander geben.

Man kann für vieles bezahlen. Für die ganz einfache menschliche Gabe, die andere Menschen für einen sein können, kann man nicht zahlen. Sie lässt sich auch nicht mit der Sprache der Gesetze fassen.

Denn darauf, dass jemand wirklich für einen da ist, dass er nicht nur eine Aufgabe erfüllt oder eine Dienstleistung erbringt, hat man keinen Anspruch.

Das macht es heute oft so schwer, diese Gabe zu empfangen. Genauso, wie man manchmal lernen muss, zu geben, für jemanden zu sorgen, ohne dem Anderen seine Freiheit, sein Anderssein zu rauben, muss man manchmal auch neu lernen zu empfangen.

Wenn man etwas empfängt, dann sind das oft Erfahrungen besonderer Rührung, einer unerwarteten Nähe zwischen Menschen. In tiefer Trauer erfährt man Beistand, mit dem man nie gerechnet hätte, ja, mit dem man nie zu rechnen gewagt hätte. Man erlebt sich als abhängig, als bedürftig und doch gerade als Mensch ernst genommen, gewürdigt wie selten zuvor.

In solchen Augenblicken empfängt man etwas, das umsonst, ungeschuldet, »gratis« ist. Gratis ist auch die Gnade – lateinisch: *gratia.* Auch diese Gabe ist nicht leicht zu empfangen. Denn auch sie stellt die eigene Selbstsicherheit, den Willen, alles selbst machen zu können, in Frage. Aber auch sie führt zu einem menschlicheren Selbst, das empfangen und »Danke« sagen kann.

Geben

Das Leben, so hört man oft, sei ein Geben und Nehmen, ein Kreislauf des Austauschs von Gütern. Wer etwas gibt, erwartet, dass ihm etwas anderes zurückgegeben wird. So funktioniert die Wirtschaft. So werden immer mehr Bereiche des Lebens als Handel verstanden. Patienten, Studenten, Schüler werden dann zu Kunden oder Klienten.

Selbst Freundschaften können zu einem Geschäft werden. Man gibt etwas für die Aufmerksamkeit des anderen. Oder man hilft einem Freund, weil man erwartet, dass einmal die eigene Hilfe erwidert wird. Auch die Liebe kann als ein Tauschverhältnis zwischen Partnern mit klaren Ansprüchen und Forderungen verstanden werden.

Ganz verschiedene Lebensbereiche werden so auf einen gemeinsamen Nenner gebracht. Oft stellt sich dann nicht mehr die Frage, ob etwas gut ist, ob es sein soll, sondern ob es sich lohnt.

Menschen können aber auch anders geben, ohne Erwartung einer Gegengabe, ohne etwas zu nehmen, ohne zu fragen, ob sich ihre Gabe denn auszahlt. Man sagt dann oft, dass jemand etwas selbstlos gegeben habe. So, als habe man etwas gegeben, ohne sein eigenes Selbst zu befragen oder zu berücksichtigen. Aber man hat doch gerade die selbstlose Gabe selbst gegeben. Was wäre an dieser Gabe selbstlos? Vielleicht ist es gerade umgekehrt: Wer »selbstlos« etwas gibt, gibt gerade sich selbst.

Auch wenn Gott sich gibt, erwartet er keine Gegengabe. Der biblische Gott will keine reichen Opfergaben. Er gibt sich ins Ungewisse hinein. Gerade dafür ist ihm – jenseits der Ordnung von Gabe und Gegengabe – Dank zu sagen. Und doch will er etwas.

Er sehnt sich nämlich danach, dass der Mensch ihm entspreche, so dass auch er sich selbst gebe: Selbstlos – in dem Sinne, dass ein ehrgeiziges, ein raffsüchtiges, ein eigenmächtiges Selbst dann verschwindet. Und zugleich auch selbstvoll – in jenem Sinne, dass der Mensch eigentlich erst dort ein Selbst ist, wo er sich dem anderen Menschen gibt. Wo er seine Zeit, seine Kraft und Stärke, sein Wort und seine Gegenwart verschenkt. Denn nur darin ist er ein Ebenbild jenes Gottes, der immer neu sich selbst gibt.

Opfern

Etwas oder gar sich selbst zu opfern ist aus der Mode gekommen. Dafür gibt es gute Gründe. Staatsführer riefen ihre Soldaten zu heroischen Opfern in sinnlosen und ungerechten Kriegen auf. Politische Bewegungen haben selbstlosen Einsatz für eine vermeintlich gute Sache gefordert. Religiöse Autoritäten erwarteten Opfergaben, die nur ihre eigene Macht stärkten und die ursprüngliche Botschaft ihrer Religion verzerrten. Dies alles findet sich bis heute.

Verstärkt wird diese »Krise des Opfers« durch eine Verschiebung im menschlichen Selbstverständnis. Menschen sehen sich meist nicht mehr als voneinander abhängig. Sie begegnen sich als gleichberechtigte Partner.

Dadurch ist an die Stelle des Opfers für jemanden der Tausch mit jemandem getreten. »Do, ut des«, »Ich gebe, damit Du mir etwas zurückgeben mögest«, diese Logik beherrschte nicht nur viele vorchristliche Religionen. Sie durchwaltet auch die moderne kapitalistische Welt.

Doch nimmt man damit dem Opfer nicht jene Pointe, die im Christentum im Vordergrund steht und in jedem Gottesdienst gefeiert wird? Dass es nämlich ein selbstloses Opfer, ein Dasein für den anderen Menschen gibt, das nichts erwartet, das eine reine Gabe ist und den Namen der Güte trägt?

Auch in der Geschichte des Christentums ist dieses Verständnis des Opfers oft vergessen worden. Das andere, auf Nutzen, Erfolg, die Gegengabe schielende Verständnis des Opfers stand oft im Vordergrund.

Was unmodern geworden ist, hat noch lange nicht seine Bedeutung verloren. Nicht jedes Opfern entfremdet den Menschen von sich selbst. Es gibt ein Geben, das das Leben menschlich macht und das von Zwängen und falschen Wertsetzungen befreit. Wer (sich) wirklich gibt, öffnet das isolierte und oft in sich selbst gefangene Ich für den anderen.

Ohne dieses Opfer wäre gar kein Leben möglich. Jeder Mensch lebt von den Opfern, die andere für ihn erbracht haben und die sich nicht aufrechnen lassen: die Gaben der Eltern, der Familie, der Freunde und Lehrer, der selbstlose Einsatz früherer Generationen. Aber auch von den kleinen Gaben des Alltags, dem Gruß, dem freundlichen Wort, das niemandem geschuldet war und für das nichts erwartet wird, dem Geschenk, dass Menschen einander wohlwollend begegnen.

Dienen

Der Beruf des Dieners ist nahezu ausgestorben. Auch von »der Bedienung« spricht man nicht mehr. Einen Diener zu machen, ist aus der Mode gekommen. Zu dienen, das scheint keine verlockende Aufgabe mehr zu sein. Dienen scheint Unterwürfigkeit und Unterordnung vorauszusetzen. Es führt, so wird gesagt, zu Selbst-Verleugnung und Selbst-Entfremdung.

Wenn alle Menschen gleich sind, ist niemand mehr Diener eines anderen. Nur in Ausnahmefällen hat sich daher die Rede vom Dienen oder vom Dienst erhalten. Wenn von Dienstplänen, vom Nachtdienst, von Dienstleistungen oder vom Verdienst die Rede ist. Oder wenn jemand als ein verdientes Mitglied einer Gemeinschaft oder eine Handlung als verdienstvoll bezeichnet wird.

Vielleicht zeigen aber gerade diese Ausnahmen, dass zu dienen gar nicht so altmodisch sein muss, dass es sich nicht immer gegen die wahren Interessen des Menschen richten muss. Gewiss, wer dient, sieht von sich selbst, seinen eigenen unmittelbaren Bedürfnissen ab. Nicht mehr das Eigene, sondern das Andere steht nun im Mittelpunkt. Oder genauer: der Andere.

Denn man kann zwar einer Sache dienen. Im eigentlichen Sinne aber dient man anderen Menschen. Dienen heißt nämlich: für jemanden etwas zu tun, für jemanden da zu sein, den anderen Menschen nicht alleine zu lassen. Gerade in diesem Dienst für den Anderen können sich Menschen aber *ver-wirklichen,* ohne sich *verleugnen* zu müssen.

Nur indem man für andere da ist, wird man nämlich ganz Mensch. Ohne dass Menschen einander dienten und füreinander Sorge trügen, gäbe es gar kein Leben, geschweige denn Glück. Denn wer lebt, lebt immer von anderen Menschen, von ihren Gaben, ihrer Zeit, ihrer Hinwendung, davon, dass andere Menschen einem selbst dienen – und auch davon, dass man selbst dienen, für andere Menschen da sein darf.

Noch in einem anderen Wort hat das Dienen überlebt: Im »Gottesdienst«. Wo ein Gottesdienst gefeiert wird, verdichtet sich ein anderes Dasein-für, dass nämlich der Mensch für Gott da ist. Aus dieser Sicht sollte das ganze Leben Gottesdienst sein. Und das ganze Leben Menschendienst. Denn Gott zu dienen ist nicht möglich, ohne dem Menschen zu dienen.

Lieben

Liebe könnte man, so wie Hass, Neid oder Angst, als ein reines Gefühl verstehen. Dann stellt sie sich in bestimmten Situationen ein – oder auch nicht. Oft ist das auch der Fall. Wie aus dem Nichts packt die Liebe einen Menschen, verdreht ihm den Kopf, lässt ihn alles andere vergessen. Diese stürmische, wilde Liebe kann schnell wieder versiegen. Sie kann sich aber auch verändern, sie kann wachsen, sich vertiefen.

So wird, je mehr man eine geliebte Person kennenlernt und in ihrem Wesen erkennt, je mehr man dem Geheimnis des anderen Menschen nahekommt, die Liebe desto stärker. Wahre Liebe richtet sich nämlich nicht auf bloßen Schein. Sie ist auf Wirklichkeit hingeordnet. Sie erschließt, was wirklich ist. Wer nicht liebt, sieht daher nur die Oberfläche.

Das gilt nicht allein für die Liebe zwischen Personen, die romantische Liebe oder die Liebe zur Familie oder zu Freunden. Es gibt ja viele Weisen zu lieben.

Man kann seinen Beruf, seine Heimat oder auch sein Vaterland lieben. Man kann mit Liebe etwas tun. Das kann etwas ganz Alltägliches sein. Ein Amateur ist ja – wörtlich übersetzt – ein Liebender. Dann umformt die Liebe das Handeln des Menschen.

So gehört die Liebe zusammen mit dem Glauben und der Hoffnung zu den theologischen Tugenden. Was ein Christ tut, sollte er liebend, nicht verzagt, nicht verbittert, nicht aus bloßer Pflicht tun.

Lässt sich Liebe aber gebieten? Im Zentrum des christlichen Glaubens steht ja das Doppelgebot der Gottes- und der Nächstenliebe. Dieses darf man jedoch nicht als einen Befehl missverstehen. Das würde zu einer kalten, nur äußerlichen »Liebe« führen. Es ist nämlich ein Anruf an die Freiheit des Menschen, jener Liebe zu entsprechen, die Gott ist – nicht im Allgemeinen oder Abstrakten, sondern in seinem Verhältnis zu jedem einzelnen Menschen.

Dass der Mensch Ebenbild Gottes ist, zeigt sich in nichts so deutlich, als darin, dass er, so schwer dies auch oft fallen mag, zu lieben vermag. Gerade auch seinen Feind. Denn wenn Gott Liebe ist, steht über aller Geschichte, was in jedem Gottesdienst gefeiert wird: das Geheimnis der Versöhnung.

Erzürnen

Der Zorn gehört zu den sieben Todsünden. Selbst wer nicht mehr von Sünden spricht, kann dem Zorn wenig Gutes abgewinnen. Sich selbst zu vergessen, blind in seinem Zorn zu werden, zornig sich zu rächen, verdient kein Lob. Doch kann man sich auch fragen, ob es immer schlecht ist, zu erzürnen. Man kann sich einen Menschen vorstellen, der alles, was ihm geschieht, mit Gleichgültigkeit erträgt. Auch das Leid anderer Menschen bringt ihn nicht aus der Ruhe. Man wird diese Leidenschaftslosigkeit kaum menschlich nennen können. Gar nicht oder zu wenig zu erzürnen, das ist genauso unmenschlich wie zu zornig zu werden.

Über ein gebrochenes Versprechen, ein zerstörtes Vertrauen, eine enttäuschte Hoffnung muss man manchmal zornig werden. Es gibt Situationen, in denen es gerade ein Zeichen von Menschlichkeit ist, zu erzürnen. Und das heißt: nicht nur äußerlich Zorn zu zeigen, sondern innerlich getroffen zu sein. Alles andere würde bedeuten, dass einem der andere Mensch nicht allzu viel bedeutet, dass einem die Verletzung, die man selbst oder ein anderer Mensch erfahren hat, egal ist. Der Zorn ist daher der Liebe nicht entgegengesetzt. Im Gegenteil. Die Liebe kann sich gerade auch zeigen, wo jemand erzürnt. Man kann dies noch zuspitzen: Liebe kann sich gerade auch als Zorn zeigen.

Gott ist nach christlichem Verständnis ein Gott der Liebe. Gerade dass er Liebe ist, lässt auch verstehen, warum er erzürnen kann. Wenn dort, wo Menschen einander begegnen und sich wichtig sind, die enttäuschte Liebe sich im Erzürnen zeigen kann, dann auch dort, wo das Verhältnis zwischen Gott und Mensch auf dem Spiel steht. Dann zürnt Gott nicht, weil er etwas gegen den Menschen hätte, sondern gerade weil es ihm um den Mensch geht. Allerdings entlädt sich der Zorn Gottes dann nicht in Unwettern, Krankheiten oder anderen Katastrophen, wie oft gedacht wurde (und wird), sondern – vielleicht – in jener Geduld, die er dem Menschen immer neu zeigt, in einem Zuspruch und Anspruch, der die Freiheit des Menschen immer neu herausfordert.

9

Gelassenheit und Besinnung

Verzichten

Die Fastenzeit ist eine Zeit des Verzichts. Nicht nur auf Nahrungsmittel, sondern auf viel mehr kann man verzichten: darauf, fernzusehen, das Internet zu nutzen oder Auto zu fahren.

Manchmal ist der Verzicht radikal und man lebt ganz ohne eine vertraut gewordene Gewohnheit. Ein anderes Mal reduziert man etwas, beschränkt sich auf das Nötigste. Immer heißt verzichten, ohne etwas Liebgewordenes auszukommen.

Der Verzicht muss sich nicht auf die Fastenzeit beschränken. Die Wirtschaft erzeugt nämlich immer neue Bedürfnisse, die befriedigt, immer neue Möglichkeiten, die verwirklicht werden wollen. Der Alltag ist schnell- und kurzlebig. Hier gibt es etwas Neues, dort etwas Schnelleres, da wieder etwas Eleganteres.

Die Frage, ob man das alles wirklich braucht, wird selten gestellt. Diese Frage stört. Warum sollte man sich auf das Nötigste beschränken, wenn die Überfülle so schöne Versprechungen macht?

Keine Frage: Das gute Leben ist immer auch ein Leben, das sich nicht nur auf das Allernötigste beschränkt. Wem es um das gute Leben geht, der freut sich am Schönen, am Unnötigen, auch am Überflüssigen.

Aber es könnte sein, dass vieles, was ein gutes Leben verspricht, dieses Versprechen nicht einhält. Dass es eine Sucht nach immer mehr erzeugt. Dass es nicht verweilen lässt. Was neu ist, wird dann ganz schnell alt. Es muss ersetzt werden, durch etwas noch Neueres. Diese Logik lässt keine Ruhe aufkommen. Es gilt, immer weiterzugehen, immer anderes und mehr zu wollen.

Im Verzicht wird eine Grenze gesetzt. Soviel – und nicht mehr. Während man immer weiterschreitet, erlaubt der Verzicht zu sagen: »Ich will nicht mehr. Mir reicht das.« Denn die Grenze trennt und schützt zugleich. Sie schützt vor übertriebenen Ansprüchen, vor Maßlosigkeit und der rastlosen Suche nach immer mehr. Und sie erlaubt den Blick auf das Einfache. Was oft aus dem Blick gerät, wird wieder wichtig.

Wer verzichtet, kann dies auch für jemanden tun und dem Anderen etwas geben: Zeit und Aufmerksamkeit, Hilfe und Beistand. Der Verzicht macht frei. Er nimmt nicht, wie Martin Heidegger in seinem Text *Der Feldweg* sagt, sondern er gibt: »Er gibt die unerschöpfliche Kraft des Einfachen.«

Sich besinnen

Den Wissenschaften geht es um Fakten, um das, was der Fall ist. Sinn finden sie nicht. Die Tiefen des Weltraums oder der Materie schweigen. Das Leben erscheint oft sogar als sinnlos. So vieles spricht dagegen, dass es überhaupt zu etwas gut sei. Oder man handelt nur noch, ohne sich je zu besinnen, voller Hektik und Eile.

Andererseits gibt es keinen Mangel an Sinnangeboten. Manche sind religiös, andere philosophisch, wieder andere politisch. Man muss nur wählen, eine Entscheidung treffen, damit das Leben Sinn »macht«. Und wenn es nicht gefällt, kann man sich immer noch umentscheiden.

Vielleicht »macht« das Leben jedoch gar keinen Sinn, ist der Sinn überhaupt nichts, das gemacht werden könnte, keine Lehre oder Doktrin, an der man sich festhalten könnte. Zwar versteht man »Sinn« oft genau so. Das Wort »Sinn« hat aber noch andere Bedeutungen.

Es kann sich auch auf die Richtung einer Bewegung beziehen, wenn man etwa vom Uhrzeigersinn spricht. Auch wenn man vom »Sinnen« spricht, wie zum Beispiel in der altertümlichen Wendung »Sinnen und Trachten«, zeigt sich, dass »Sinn« mit einem Sich-Bewegen zu tun hat. Wer sinnt, geht oder reist, befindet sich auf einem Weg, *er-fährt* etwas, und zwar mit all seinen Sinnen.

Dann aber besteht der Sinn des Lebens in keiner Formel, die man sich zu eigen machen könnte – oder auch nicht. Man kann ihn weder erzeugen noch sich von außen vorgeben lassen. Sinn geschieht in der Bewegung des Lebens, dort, wo diese sich nicht verliert, wo sie eine Ausrichtung hat, sich nicht zerstreut, sondern eine Mitte findet.

Sinnvoll ist das Leben, wenn es so, wie es ist, sein soll, wenn es gut ist und schön und wahr. Wer sich besinnt, ist diesem Wozu seiner Lebensbewegung, ihrem inneren Horizont auf der Spur.

»Besinnlich« bezieht sich heute meist auf eine bestimmte, oft kitschige äußere Atmosphäre. Dabei kommt in einer oft besinnungslosen Zeit viel darauf an, dass Räume eröffnet werden, die wirklich besinnlich sind, die es erlauben, dass man auch innerlich offen wird für jenen Sinn, der alles trägt und umfasst.

Schonen

Menschen sind bedürftige Wesen. Sie können gar nicht ganz auf sich selbst gestellt, ganz autonom sein. Ganz allein könnte kein Mensch überleben. Es mag den Sonderfall des Einsiedlers geben, der sich ganz von aller Gesellschaft zurückgezogen hat. Selbst der Einsiedler bedarf aber der Natur. Dort, in seiner Umwelt, findet er Nahrung, Schutz vor Unwetter, zu großer Wärme und Kälte, all jenes, das ihm erlaubt, nicht nur zu leben, sondern auch gut zu leben.

Der Mensch gehört zur Natur. Er ist selbst ein Naturwesen. Gleichzeitig ist sein Verhältnis zur Natur anders als das aller anderen Lebewesen. Er ist nämlich auch ein Kulturwesen. Menschen verhalten sich frei zur Natur, leben von ihr und gestalten sie. Darin liegt die Würde des Menschen.

Gleichzeitig aber auch eine große Gefahr. Denn ein Leben in und mit der Natur kann leicht zu einem Leben wider die Natur werden. Das geschieht dort, wo die Natur ausgenutzt und ausgebeutet wird, wo sie dem Menschen und seinen Zwecken radikal untergeordnet wird, wo sie allein der Gier und dem Größenwahn des Menschen zu dienen hat. Die ökologische Krise hat gezeigt, dass dieses Verhältnis zur Natur auch auf den Menschen selbst zurückschlägt.

Heute spricht man oft von Nachhaltigkeit, wenn von einer Lösung für diese Krise, von einem anderen Verhältnis zur Natur die Rede ist. Was man tut, soll Ressourcen bewahren, langfristiges Überleben sichern. Das Wort Nachhaltigkeit klingt allerdings sehr technisch, sehr auf den Menschen und seine Interessen bezogen. Seine Bedeutung genau zu bestimmen ist schwer.

Was notwendig ist, lässt sich vielleicht mit einem anderen, älteren und heute nur wenig genutzten Wort besser fassen. Es ist notwendig, die Natur zu schonen, ein schonendes Verhältnis zur Welt einzunehmen. Wer dies tut, anerkennt, dass sie nicht allein für ihn da ist, dass sie selbst eine Würde hat, die es zu bewahren, zu pflegen gilt.

Schonen, das heißt nämlich: schön, freundlich, gut behandeln. Weil jenes, um das es geht, selbst schön, selbst gut ist. Darum geht es, wenn von »Bewahrung der Schöpfung« die Rede ist.

Gärtnern

In jedem Garten wird das Wilde der Natur gezähmt. Natur wird zu Kultur. Das lateinische Wort *cultura* bedeutet: Ackerbau, Anbau. Es bedeutet auch: Pflege, Veredlung. Wer einen Garten hat, sorgt sich um die Natur, pflegt und hegt sie.

Denn der Garten wird Menschen ernähren. Er kann auch Momente der Muße, das Gefühl von Heimat und Geborgenheit schenken. Sein Anblick, die Gerüche der Blumen, das Spiel von Licht und Schatten, der Gesang der Vögel erfreuen. In Gärten finden deshalb auch Schönheit und Nutzen zueinander.

Noch eine andere Einheit zeigt sich, wo gegärtnert wird. Es ist die Einheit von Ordnung und Zufall. Wer gärtnert, ordnet die Natur, gestaltet sie, ohne sie sich unterzuordnen. Es wird gesät, gepflanzt, gegossen, gemäht, Unkraut gejätet, geerntet und winterfest gemacht. Trotzdem bleibt jeder Garten dem überlassen, was zufällt. Dies kann man nie in den Griff bekommen: die Gabe einer guten Ernte, das Schicksal eines verregneten Sommers, das Geschenk ruhiger Stunden oder eines fröhlichen Festes.

Gärten sind alltäglich. Doch ist nicht selbstverständlich, *was* in ihnen geschieht. Man kann sich – gerade auch heute – zur Natur wie ein Jäger und Sammler verhalten. Dann nimmt man, was man findet und braucht. Man zieht weiter, wenn die Bestände nicht mehr ausreichen. Man kann sich die Natur auch unterwerfen, sie ausnutzen, ihren Ertrag immer weiter steigern wollen. Dann geht es nur noch um die eigenen Interessen. Natur wird zur Ressource. Verantwortung für sie übernimmt man nicht.

Wer gärtnert, verbindet nicht einfach Getrenntes zu einer äußerlichen Einheit. Das Unterschiedliche, manchmal Gegensätzliche wird miteinander versöhnt. In Gärten zeigt sich das Natürliche als Menschliches.

Daher können Gärten zu Orten und Symbolen der Versöhnung, des Friedens und der Hoffnung werden. Sie können zu Zeichen eines geglückten Lebens werden. Der Garten ist in vielen Religionen auch ein Bild für die versöhnte Begegnung der Menschen mit Gott. Der Garten des Paradieses zeigt die Bestimmung des Menschen. Für Christen führt der Weg dorthin durch einen anderen Garten: den Garten von Getsemani, in dem Jesus in der Nacht vor der Kreuzigung gebetet hat.

Lassen

Menschen verfügen über einen starken Willen. Sie wollen Wissen erwerben, etwas tun und herstellen. Sie wollen die Fernen der Erde und des Weltraums und die intime Nähe des eigenen Seelenlebens erkunden, erobern und gestalten. Das Fremde und Andere soll auf das Maß des Eigenen und bereits Bekannten reduziert werden. Das Schicksal soll seinen Schrecken verlieren. Man kann es ja in den Griff bekommen. Das Unbekannte soll sein Geheimnis verlieren. Man kann es ja begreifen.

Dieser Wille zur Erkenntnis und (Neu-)Erschaffung der Welt hat viel Gutes mit sich gebracht. Aber es zeigen sich auch zunehmend Schattenseiten.

Heute ist vielen bewusst geworden, dass es nichts Gutes bedeutet, wenn die Natur nur noch als Gegenstand des Wissens und Machens, des Nutzens und Ausnutzens, als Objekt menschlicher Verfügungsmacht verstanden wird. Die Natur ist nämlich zunächst kein *Gegen-stand* für den Menschen. Denn auch er lebt in der Natur, gehört zu ihr, ist Teil von ihr und steht nicht außerhalb ihrer.

Manchmal kann sich sogar die Frage stellen, ob der Mensch heute überhaupt noch über seinen Willen verfügt oder ob nicht der Wille über den Menschen verfügt. Erfahren Menschen sich heute nicht oft als Figuren in einem Spiel, dessen Verlauf sie längst nicht mehr bestimmen?

Die Macht des Menschen ist ohnehin nicht so groß, wie man lange geglaubt hat. Man kann nicht alles in den Griff bekommen. Manchmal muss man etwas einfach sein lassen.

Dies ist ein provokanter Gedanke. Er könnte die Freiheit, den Willen des Menschen in Frage stellen. Verurteilt er nicht zu einer untätigen Gleichgültigkeit, zu einem passiven Ergebensein in den Lauf der Dinge?

Das wäre ein falsches Verständnis des Sein-Lassens, der Gelassenheit. Denn diese kann der Welt – dem eigenen Ich, dem anderen

Menschen, der Natur – erlauben, sich in aller oft verstörenden Fremdheit selbst zu zeigen. Dann aber widerspricht sie nicht der Freiheit, sondern vollendet sie: dort, wo frei das Andere anders sein darf. Auch Gott, den Menschen immer wieder auf ihr Maß herunterzubrechen versuchen, kann sich, wo er sein gelassen wird, wieder neu zeigen: als göttlicher, nicht als von Menschen nach ihren Vorstellungen gewünschter oder gemachter Gott.

Sich bilden

Menschen können sich selbst nicht erziehen. Aber sie werden nicht nur gebildet, sondern können und müssen sich auch selbst bilden. Dies zeigt, dass es einen Unterschied zwischen Erziehung und Bildung gibt. Erziehung bezieht sich vornehmlich auf Fertigkeiten oder Inhalte, über die man von außen etwas lernt. Nennt man ein Kind »wohlerzogen«, so lobt man vor allem auch die Leistung der Eltern. Sie haben ihrem Kind erfolgreich ein bestimmtes Verhalten anerzogen. Die Leistung des Kindes, sein Beitrag spielt dabei eine fast untergeordnete Rolle.

Auch Bildung kommt von außen. Aber sie beschränkt sich nicht auf diese Einflüsse. Bildung ist auch mehr als bloßes Wissen. Man kann sich jemanden vorstellen, der sehr viel kann oder weiß, der sogar sehr wohlerzogen, aber trotzdem nicht »gebildet« ist. Denn Bildung reicht viel tiefer als bloße Erziehung. Wem es um die eigene Bildung geht, erfährt eine Herausforderung ganz eigener Art. Der Einsatz der ganzen Person ist gefragt. Ohne die Freiheit, sich bilden zu lassen, aber auch sich selbst zu bilden, gibt es gar keine Bildung.

Das ein wenig aus der Mode gekommene Wort der »Herzensbildung« zeigt deutlich das Wesen jeder Bildung. Denn wer sich bildet, bildet auch seinen Willen und seine Begierden. Daher betrifft Bildung den innersten Kern des Menschen. Sie verwandelt sein Herz. Wer derart gebildet ist, hat den Unterschied von Gut und Böse erfahren und bemüht sich darum, entsprechend zu handeln. Wahre Bildung zeigt sich daher in den Taten, die aus ihr folgen, in einer bestimmten Lebensweise, darin, dass man sich nicht mehr allein auf das eigene Ich bezogen erfährt.

Wer sich bildet, macht sich zum Bild. Bild, das heißt auf Griechisch: *eikon*. Die Ikone ist daher – wörtlich übersetzt – ein Bild. Sie ist ein Bild, das auf etwas hin durchsichtig wird, das unsichtbar ist. Ähnlich ist jeder (herzens-)gebildete Mensch auch eine Ikone, ein Fenster, das Gott erfahrbar werden lässt. Gerade weil nach christlichem Verständnis der Mensch Ebenbild Gottes ist, steht er vor der Aufgabe, sich immer neu zu bilden, dem Bild, das er immer schon ist, zu entsprechen.

Bilden

Es ist nicht leicht, ein rechtes Verhältnis zur Natur, zur Erde zu finden. In der Moderne wurde die Natur immer mehr zu einem Objekt, das der Mensch nutzen und ausnutzen kann. Die Erde wird dem Menschen und dem, was er machen will, untergeordnet. Das kann so weit gehen, dass der Mensch seine eigene Natur, seine eigene »Erdhaftigkeit« zum Gegenstand seiner Herrschaftsinteressen macht. Die Grenzen, die in der Natur liegen, akzeptiert er dann nicht mehr. Es geht ihm darum, die Natur zu erobern, sich selbst zu perfektionieren, seine Vorstellung vom »idealen« Menschen immer näher zu kommen.

Nicht selten hat man dieses Verhältnis zur Natur auf das Christentum zurückgeführt. In der Bibel liest man, der Mensch solle sich die Erde untertan machen. Doch bedeutet dies nicht, dass Menschen die Erde beherrschen und ausbeuten sollen. Sie tragen für die Erde Verantwortung, sind zur Fürsorge aufgerufen.

Novalis schreibt: »Wir sind auf einer Mission. Zur Bildung der Erde sind wir berufen.« Ein wahres, tiefes Wort. Wer etwas bildet, unterwirft es sich nicht. Er verleiht ihm Form und Gestalt, hebt es auf eine andere, höhere Stufe, befreit, was in ihm verborgen liegt. Wenn man Menschen bildet, ist wesentlich, dass man ihnen nicht von außen etwas aufzwingt, sondern es ihnen ermöglicht, die zu sein, die sie eigentlich sein sollen. Wer bildet, handelt wie ein Künstler. Das gilt vor allem auch, wenn man sich selbst bildet. Man wird feststellen, dass man nicht alles im Griff hat, dass manches ohne eigenes Zutun geschieht, dass sich plötzlich etwas ereignet, was man nie vorhergesehen hätte. Das Ziel der Bildung ist mit dem Zweck einer Ausbildung nicht vergleichbar. Es ist daher auch etwas ganz anderes, die Erde zu bilden, als sie zu nutzen. Wer die Erde bildet, kann in ihr Heimat finden, ohne dass er ihr Gleichgewicht, ihren Eigensinn zerstört. Nach Novalis sind Menschen zu dieser Bildung berufen. Sie haben sich nicht selbst dazu entschieden. Menschen sind Missionare der Bildung – der Erde und auch des Menschen.

Arbeiten

In der Antike wurde die Arbeit oft als bloße Notwendigkeit verstanden. Sie hatte keine eigene Würde. Das jüdische und christliche Verständnis von Gott als Schöpfer hat dagegen auch die ganz alltägliche Arbeit und den arbeitenden Menschen geadelt. Denn wer arbeitet, erfüllt den Schöpfungsauftrag Gottes: »Macht euch die Erde untertan.« Mehr noch: Wer sich einer Arbeit widmet, nimmt selbst am Schöpfungshandeln Gottes teil. Denn jede Arbeit ist schöpferisch.

Auch das Arbeiten kann daher in den Dienst Gottes gestellt, als Lob Gottes verstanden werden. In der Feier der Eucharistie werden Brot und Wein als die »Früchte der menschlichen Arbeit« dargebracht. Wo die Eucharistie gefeiert wird, ist der ganze Mensch, gerade auch der arbeitende, mit einbezogen. Dieses Feiern ist nämlich nicht einfach nur dem Arbeiten entgegengesetzt. In ihm vollendet sich das alltägliche Arbeiten. Der Sonntag ist deshalb die Erfüllung des Alltags.

Zu arbeiten ist nichts Entwürdigendes. Im Gegenteil. Es gehört zur Würde des Menschen, arbeiten zu dürfen. Wer seine Arbeit verloren hat, verliert viel mehr als nur eine Stelle oder seinen Lohn. Wer arbeitslos ist, verliert eine wichtige Quelle von Sinn.

Manche Menschen finden Sinn allein oder vor allem in ihrer Arbeit. Das wundert nicht: Arbeit verleiht Selbstsicherheit, Zufriedenheit, Ansehen. Dies ist aber auch gefährlich. Man kann sich am Erfolg der eigenen Arbeit berauschen und ihr alles unterordnen. Die Zeit ohne Arbeit wird dann nur noch als Freizeit, als von der Arbeit freie Zeit definiert. Ihr Sinn liegt allein darin, dass man sich für den Arbeitsalltag wieder erholt. Darüber hinaus hat sie keinen Sinn. Dann aber macht die Arbeit ein Versprechen, das sie nicht einhalten kann. Das zeigt sich nicht zuletzt, wenn Menschen zu viel arbeiten, wenn sie erschöpft sind und ihnen in einer tiefen Depression der Sinn ihres Lebens fraglich wird. Denn so sinnvoll Arbeit ist, so sehr sie zur Würde des Menschen gehört, so wenig ist sie das Höchste. Sie bleibt immer auch ein Mittel: für jenes, was wirklich zählt und was allein den Menschen zutiefst erfüllen sollte.

Verschönern

Menschen wollen nicht bloß leben. Sie wollen glücklich sein, ein gutes und schönes Leben führen. Schönheit des Lebens, das ist kein äußerer Schein, sondern eine innere Güte. Über sie verfügt, wer seine Grenzen kennt, wer weiß, was Recht ist und was Unrecht und was die Wahrheit von der Lüge trennt. Sie zeigt sich auch, wenn jemand für das Schöne, das ihm in der Welt begegnet, offen ist und sich von ihm bewegen lässt.

Wirklich Schönes zu erfahren, ist nicht frei von Risiko. Schönheit ist nicht einfach nur, was den Sinnen gefällt, mal dies, mal das, jenem ein solches, einem anderen wieder etwas anderes. Gewiss, vieles, was schön genannt wird, ist erfreulich, eine Wohltat für die Sinne. Doch ist dies nicht das Schöne in seinem eigentlichen, tiefsten Sinn. Das wirklich Schöne berührt den Kern, die Seele des Menschen. Es erhebt, beglückt, fordert heraus. Es kann verschrecken, sprachlos machen, überwältigen. Schönheit kann den Menschen so treffen, dass er seine Mitte verliert, dass er ein anderer wird, dass alles, was ist, in einem anderen Licht erscheint.

Diese unheimliche Macht erklärt, warum das Schöne so oft auf das Gefällige, das sinnlich Angenehme reduziert wird. Sie lässt verstehen, warum es dem Schönen oft so schwer gemacht wird, sich zu zeigen. Im Verhältnis zur Schönheit einer Landschaft oder eines gewachsenen Stadtbildes herrscht nicht selten lieblose Gleichgültigkeit. In der Architektur bestimmen meist rein praktische Belange, was und wie gebaut wird. Anderswo bestraft man sich durch einen Kult des Hässlichen oder frönt dem Kitsch, als ob man des Schönen nicht wert wäre.

Ein Weiteres gehört zum schönen Leben: dass man das Schöne nicht einfach wahrnimmt, sondern weitergibt. Das Schöne drängt dazu, ihm alles ähnlich zu machen. Es tritt mit einem Anspruch an den Menschen heran. Man kann nicht nur, man soll die Welt zu einem schöneren Ort machen. Dadurch bezeugt man die Schönheit, die man selbst erfahren hat. Damit folgt man auch den Spuren Gottes in der Welt. Denn schön ist, was Gott schafft.

Begrenzen

Grenzen finden sich zwischen Ländern, Orten und Grundstücken. Wer etwas begrenzt, trennt zwei Seiten voneinander, ein Diesseits von einem Jenseits. Bis hierhin reicht etwas, so zeigt die Grenze, und nicht weiter. Wer diese Grenze überschreiten und dabei nicht verletzten möchte, muss sich an Regeln halten. Auch die Zeit wird immer wieder begrenzt. Etwas dauert so lange, nicht länger. Grenzen legen fest, was etwas ist. Definitionen sind – wörtlich übersetzt – Grenzziehungen. Viele Grenzen sind natürlich, liegen in der Natur der Sache, andere sind künstlich, gehen darauf zurück, dass Menschen die Grenze so und nicht anders gezogen haben.

Menschen wollen immer auch ihre Grenzen testen und überschreiten. Sie sehnen sich nach Mehr als nur nach jenem, was in ihren Grenzen liegt. Daher fällt es oft so schwer, Grenzen anzuerkennen und sich zu begrenzen. Manche Grenzen erweisen sich tatsächlich als zu eng, als sinnlos. Und dennoch wäre eine grenzenlose Freiheit unmenschlich, gar keine Freiheit mehr. Denn nur innerhalb von Grenzen kann man wirklich frei sein. Die Natur setzt Grenzen. Man kann nicht alles tun, ohne sie (und letztlich auch sich selbst) zu verletzen. Andere Menschen setzen Grenzen. Denn sie haben Ansprüche und Rechte. Ihnen gegenüber ist man verantwortlich. Leben, das bedeutet: sich zu begrenzen. Alles andere wäre Willkür.

Grenzen schützen daher auch. Sie machen es möglich, zwischen dem Eigenen und dem Anderen, zwischen dem Möglichen und dem Unmöglichen, zwischen Gut und Böse zu unterscheiden. Und das heißt: Sie machen es möglich, überhaupt einen Platz im Leben, eine Heimat zu finden. Auch wer der Mensch ist, zeigt sich an den Grenzen, die er anerkennt, daran, wie er sich begrenzt.

Das Leben ist endlich, es ist begrenzt. Leid, Krankheit, Schuld und Tod setzen dem Leben Grenzen. Nicht alles ist möglich. Entscheidungen müssen getroffen werden. Entscheiden, auch das heißt: Grenzen ziehen. Wer sich selbst oder etwas anderes begrenzt, kann sich trotzdem in Gedanken über diese Grenze hinausbewegen. Man kann selbst über alle Grenzen hinausdenken. Dann kann sich Gott zeigen, der – selbst unbegrenzt – überall dort mit anwesend ist, wo Menschen sich begrenzen und als begrenzt erfahren.

Bildnachweis

Bild 1: © Benjamin Simeneta, Thinkstock
Bild 2: © fottoo, Fotolia.com
Bild 3: © selezenj, Fotolia.com
Bild 4: © DW Photo, Fotolia.com
Bild 5: © inbj, Thinkstock
Bild 6: © Sandor Jackal, Fotolia.com
Bild 7: © David De Loss, Thinkstock
Bild 8: © valeriebarry, Thinkstock
Bild 9: © Shaiith, Thinkstock